中华文化新读

# 《山海经》的世界

妖怪、万物与星空

刘宗迪 著

四川人民出版社

图书在版编目（CIP）数据

《山海经》的世界：妖怪、万物与星空 / 刘宗迪著.
—— 成都：四川人民出版社，2021.11（2023.1重印）
ISBN 978-7-220-12413-6

Ⅰ.①山… Ⅱ.①刘… Ⅲ.①历史地理—中国—古代
②《山海经》—通俗读物 Ⅳ.①K928.626-49

中国版本图书馆CIP数据核字（2021）第186582号

SHANHAIJING DE SHIJIE YAOGUAI WANWU YU XINGKONG

## 《山海经》的世界：妖怪、万物与星空

刘宗迪　著

| 出 版 人 | 黄立新 |
|---|---|
| 责任编辑 | 王　雪　晓　风 |
| 特约编辑 | 黄　昕 |
| 封面设计 | 蔡立国 |
| 内文设计 | 毕梦博 |
| 内文排版 | 吴　磊 |
| 责任印制 | 祝　健 |
| 出版发行 | 四川人民出版社（成都市槐树街2号） |
| 网　　址 | http://www.scpph.com |
| E-mail | scrmcbs@sina.com |
| 新浪微博 | @四川人民出版社 |
| 微信公众号 | 四川人民出版社 |
| 发行部业务电话 | （028）86259624　86259453 |
| 防盗版举报电话 | （028）86259624 |
| 印　　刷 | 成都国图广告印务有限公司 |
| 成品尺寸 | 130mm×200mm |
| 印　　张 | 6.5 |
| 字　　数 | 105千 |
| 版　　次 | 2021年11月第1版 |
| 印　　次 | 2023年1月第4次印刷 |
| 书　　号 | ISBN 978-7-220-12413-6 |
| 定　　价 | 66.00元 |

图书策划：活字文化

■版权所有·侵权必究
本书若出现印装质量问题，请与我社发行部联系调换
电话：（028）86259453

# 目录

导　言　　　　　　　　　　　　　　　　001

第一章　怪物的真相　　　　　　　　　　005
　　怪物在哪儿？　　　　　　　　　　　007
　　守护宝藏的怪兽　　　　　　　　　　024
　　如何把一只猫变成怪兽？　　　　　　040

第二章　妖怪的秘密　　　　　　　　　　071
　　什么是妖怪？　　　　　　　　　　　073
　　给妖怪拉清单　　　　　　　　　　　082
　　妖怪的背后是科学　　　　　　　　　102

第三章　众神的缘起　　　　　　　　　　121
　　群山之巅的众神之都　　　　　　　　123
　　星光灿烂的天上神殿　　　　　　　　161
　　圣地、传说与神话　　　　　　　　　193

出版说明　　　　　　　　　　　　　　　201

# 导言

《山海经》现在很是风靡，坊间各种注释本、读本、绘本以及打着《山海经》旗号的各种揭秘、传奇、玄幻小说、历史读物层出不穷，在任何一家网上书店检索"山海经"，各种封面的《山海经》读物令人眼花缭乱。不仅大人喜欢，小孩子喜欢，影视界、动漫界、网游界、时尚界也喜欢，这些年到底出现了多少打着《山海经》标签的电影、电视、动漫、网游以及文创产品，大概没人数得过来。甚至房地产界的也来凑热闹，要搞什么《山海经》游乐园，把书里的怪物异兽一个个全都用声光电手段造型复原，说得比迪士尼乐园还热闹。我因为研究《山海经》的缘故，有段时间隔三岔五就会收到邀请，说谁谁谁要拍一部相关主题电影或电视剧，说哪里哪里要搞一个相关主题公园或游乐园，要我去给他们讲讲《山海经》，我每次都会给他们泼冷水。

为什么要泼冷水？因为他们根本没有读懂《山海经》，所以不要指望他们的项目会有什么好结果。迄今为止，可以说还没有人真正读懂过《山海经》。时下，很多人理解的《山海经》，无非是坊间那些花里胡哨的读本、绘本、少儿读物所呈现出来的《山海经》，那里面尽是一些稀奇古怪、浑身长满脑袋或翅膀的怪物。在你正觉得匪夷所思时，作者会跳出来嘻嘻哈哈地跟你说，其实你不用害怕啦，这种怪物是可以吃的！不信你撒上点孜然尝一尝，味道真的不错哟……

《山海经》是一部非常古老的书，也许是中国流传至今最古老的一部书，却被这些通俗读物用商业逻辑和流行审美包装料理成了路边摊上的媚俗之物。它们漂浮在时代的表面，争奇斗艳，总是最先吸引人们的目光，就像路边橱窗里的时髦货，将世界装点成一个不乏浪漫温馨的繁华盛世，慰藉世人的心神和皮囊。但正如盛世浮华会掩盖世界的深度，马路边的灯火璀璨会遮蔽深巷中那些暗淡而孤独、真正为你照亮归途的灯光，遍地浮艳的通俗读物也遮蔽了通向《山海经》宝藏的道路。

一次性读物把肤浅的内容全都变成明晃晃的徽标挂在封面上，但《山海经》本身却像一颗宝石，藏在层层岩石包裹着的坚硬外壳中。经历漫长岁月，时光的尘埃交织着因为文化断裂而导致的误解、成见、奇谈怪论，像沙砾一样沉积、叠压在那颗原本晶莹剔透的结晶体之上，形成一层难以叩开的坚硬外壳。读古书，尤其是像《山海经》这样与众不同的古书，就像进山探宝一样，从来就不是一件容易的事。有人进山，满载而归，有人在山里摸爬滚打一辈子，捡回来的可能只是一堆花哨的石头。关键是要掌握辨别矿石的眼力，拥有寻找矿脉的经验，还要有熟知通向山中宝藏之路的向导。

其实，《山海经》本身就是一幅山中藏宝图，也是一幅古人留下的时光地图。一旦读懂了这幅藏宝图，你不仅能够按图索骥，发现古人藏宝的地点，还会在这幅时光地图的引领下，穿越漫长的时光隧道，回到历史开始之初那些星光灿烂、天地相映的壮丽场景。

《山海经》久已被当作怪物志、妖怪谱、神话书，这些成见根深蒂固，障蔽了人们的眼目，就像一些绊脚石、拦路虎，遮挡在通往《山海经》世界的道路上，或者让人中道而折，或者让人误入歧途。想要真正找到进入《山海经》的道路，首先需要扫除这些成见。所以，这本小书主要解答三个问题：

1.《山海经》是怪物志吗？

2.《山海经》是妖怪谱吗？

3.《山海经》是神话书吗？

这三个问题，是任何一位《山海经》的读者都首先会面临的问题，也是迄今为止没有得到透彻解答的三个问题。只有首先解决了这三个问题，阅读《山海经》，才不会误入歧途。

《山海经》包括《山经》和《海经》两部分，两部分既相关又有别，其成书过程、性质和内容都大不相同。关于《海经》部分的性质、内容和成书过程，笔者已有《失落的天书》一书详加探究。那本书对于《山经》部分未着多少笔墨，故本书主要讨论《山经》，这是需要首先说明的。

2020年7月8日

怪物的真相

# 怪物在哪儿？

《山海经》包括《山经》和《海经》两部分，两者虽有关联，但无论是内容、体例，还是成书过程，都大不相同，它们原本是彼此独立的两部书，因此要分开来谈，本书主要讨论《山经》。

《山经》部分包含《南山经》三篇、《西山经》四篇、《北山经》三篇、《东山经》四篇、《中山经》十二篇，共二十六篇，每篇按照一定走向依次记述了少则数座山多则数十座山的名称、方位和山中所有的草、木、鸟、兽、蛇、鱼以及金石矿藏，在其记述的众多事物中，最惹人注意的，无疑是那些随时都会冒出来的怪物。让我们跟着作者的脚步，进入《山经》的世界，看看路上会遇到什么样的怪物。

全书的旅程从南方的山开始。全书的第一篇叫《南次一经》，下面是其中的记述：

南山经之首曰䧿山，其首曰招摇之山，临于西海之上，多桂，多金玉。有草焉，其状如韭而青花，其名曰祝馀，食之不饥。有木焉，其状如榖而黑理，其华四照，其名曰迷榖，佩之不迷。有兽焉，其状如禺而白耳，伏行人走，其名曰狌狌，食之善走。丽䴏之水出焉，而西流注于海，其中多育沛，佩之无瘕疾。

又东三百里，曰堂庭之山，多棪木，多白猿，多水玉，多黄金。

又东三百八十里，曰猨翼之山，其中多怪兽，水多怪鱼，多白玉，多蝮虫，多怪蛇，多怪木，不可以上。

又东三百七十里，曰杻阳之山，其阳多赤金，其阴多白金。有兽焉，其状如马而白首，其文如虎而赤尾，其音如谣，其名曰鹿蜀，佩之宜子孙。怪水出焉，而东流注于宪翼之水。其中多玄龟，其状如龟而鸟首虺尾，其名曰旋龟，其音如判木，佩之不聋，可以为底。

东三百里曰柢山，多水，无草木。有鱼焉，其状如牛，陵居，蛇尾，有翼，其羽在魼下，其音如留牛，其名曰鲑，冬死而夏生，食之无肿疾。

又东四百里，曰亶爰之山，多水，无草木，不可以上。有兽焉，其状如狸而有髦，其名曰类，自为牝牡，食者不妒。

又东三百里，曰基山，其阳多玉，其阴多怪木。有兽焉，其状如羊，九尾四耳，其目在背，其名曰猼訑，佩之不畏。有鸟焉，其状如鸡而三首六目，六足三翼，其名曰𪁺鵂，食之无卧。

又东三百里，曰青丘之山，其阳多玉，其阴多青䨼。有兽焉，其状如狐而九尾，其音如婴儿，能食人，食者不蛊。有鸟焉，其状如鸠，其音若呵，名曰灌灌，佩之不惑。英水出焉，南流注于即翼之泽。其中多赤鱬，其状如鱼而人面，其音如鸳鸯，食之不疥。

又东三百五十里，曰箕尾之山，其尾踆于东海，多沙石。汸水出焉，而南流注于淯，其中多白玉。

我们把这段文字用现代汉语表达，读起来就像一段旅途怪物见闻志：

南方的第一列山叫鹊山，这列山中的头一座山叫招摇之山，位于西海之滨。这座山上长着桂树，山中出产黄金和玉石，山上长着一种叫祝馀的草，这种草的叶子像韭菜，开青色的花，吃了这种草，很久也不会饿。山上长着一种叫迷榖的树，这种树像榖桑，开花如光芒四射，把这种树木的果实或叶子佩戴在身上，就不会迷路。山上有一种野兽，样子像猿猴，长着白色的耳朵，慢走时四足着地，奔跑时会像人一样，直起身子，双足如飞，人吃了它的肉，就会变得很能跑。有一条叫丽䴢之水的河流，流经这座山，向西流入西海。丽䴢之水中有一种叫育沛的东西，人把它戴在身上，肚子里不会长虫子。

从这座山向东行三百里为堂庭之山，山上多棪木，多白猿，多水玉，多黄金。

继续东行三百八十里，为猨翼之山，山上多怪兽，山上的河流中多白玉，还有很多怪鱼、毒蛇、怪蛇，甚至连山上的树木都是怪怪的，因此最好敬而远之，不要攀登。

继续东行三百七十里为杻阳之山，山阳出产赤金，山阴出产白金。山上有一种名叫鹿蜀的野兽，样子跟马一样，长着白色的脑袋、红色的尾巴，身上有白色的条纹，这种野兽叫起来像唱歌一样好听，将它的角或骨头佩戴在身上，有助于生儿育女。有一条叫怪水的河流，经此山东流，注于一条叫宪翼之水的河流。怪水中有一种黑色的龟，身子长得跟一般的龟差不多，

但却长着鸟的脑袋、蛇的尾巴，它的名字叫旋龟。旋龟叫起来像劈木头一样，佩戴着它的骨头，可以防止耳聋，还可以治疗难产。❶

继续东行三百里为柢山，此山多水，但却光秃秃的不长草木。山上有一种鱼，长得像牛一样，生活在山上。它长着蛇的尾巴、鸟的翅膀，身子两边的肋下长满羽毛，叫起来是"留牛留牛"的声音。这种鱼的名字叫鯥，它冬天会死去，到了夏天又会重新复活。人吃了这种鱼，可以消肿化瘀。

继续东行四百里为亶爰之山，这座山上也多水，遍山不长草木，这座山也不能攀登。山上有一种野兽，名字叫类，样子像狸猫，颈部长着像猪鬃一样的鬃毛。

---

❶ 原文"可以为底"，"为"是治疗的意思，晋代学者郭璞和清代学者郝懿行在注释里都说"底"通"胝"，即手掌、足底上的老茧。古人勤苦劳作，不像读书人和现代人这样养尊处优，胼手胝足本极平常，手脚长老茧算不上病，无须治疗，可知郭、郝之说不通。《本草纲目》卷45引唐代学者陈藏器《本草拾遗》说，旋龟"主治妇人难产。临月佩之，临时烧末酒服"。孕妇满月临产前将旋龟佩在身上，或者分娩时将旋龟烧成末用酒服下，就可以避免难产。"底"有窒碍不通的意思，《尔雅·释诂下》云："底，止也。"《国语·晋语》云："戾久将底，底著滞淫。"韦昭注说："底，止也。"柳宗元《天说》："人之血气败逆壅底。"可见"底"有窒碍不通的意思。"可以为底"即指用旋龟可以治疗孕妇难产。这座山上的鹿蜀有益于生儿育女，旋龟主治难产，都与生育有关，这座山很可能是古人求子的地方。

这种野兽一身而兼具雌、雄两种性器官，不需要跟其他同类求偶交配，所以人吃了它的肉，就不会有妒忌之心。

继续东行三百里为基山，山阳盛产玉石，山阴长满奇怪的树木。山上生活着一种叫猼訑的野兽，样子像常见的羊，却长着九条尾巴、四只耳朵，眼睛长在后背上。胆小心悸的人把这种野兽的角或骨头佩戴在身上，就会变得无所畏惧。山上还有一种叫鹝鵂的鸟，长相如鸡，却长着三个脑袋、六只眼睛、三对翅膀、六只脚。人吃了这种鸟的肉，就可以长久不睡觉也不困。

继续东行三百里为青丘之山，山阳盛产玉石，山阴出产一种叫青䨼的矿石。山上有一种野兽，长得像九尾狐，叫起来像婴儿啼哭一样，不要因为它的声音而上当，这是一种吃人的野兽。但如果人吃了他的肉，就可以避免被蛊毒伤害。山上还有一种名曰灌灌的鸟，样子像斑鸠，叫起来的声音是"呵呵呵"。人把这种鸟的羽毛佩戴在身上，可以不犯糊涂。山上有一条河流叫英水，向南流入一个叫即翼之泽的沼泽，这条河流中有很多叫赤鱬的鱼，它的身子像鱼，却长着一张人脸，它的叫声像鸳鸯叫。吃了这种鱼，可以治疗皮肤瘙痒症。

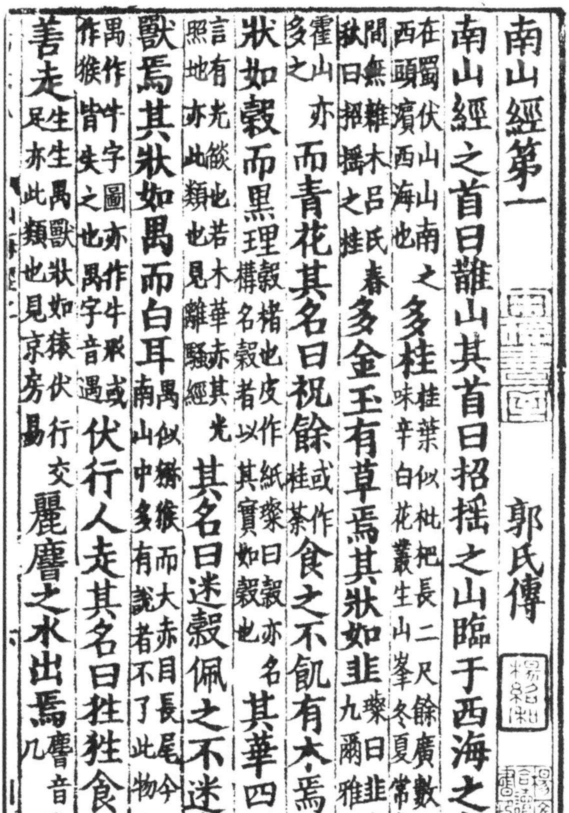

南山經第一　郭氏傳

南山經之首曰䧿山其首曰招搖之山臨于西海之上在蜀伏山山南之西頭濱西海也多桂桂葉似枇杷長二尺餘廣數寸味辛白花叢生山峯冬夏常青間無雜木呂氏春秋曰招搖之桂多金玉有草焉其狀如韭璨曰韭音九爾雅云藿山亦多之而青花其名曰祝餘或作桂茶食之不飢有木焉其狀如穀而黑理穀楮也皮作紙璨曰穀亦名構名穀者以其實如穀也其華四照言有光燄也若木華赤其光照地亦此類也見離騷經其名曰迷穀佩之不迷有獸焉其狀如禺而白耳禺似獮猴而大赤目長尾今江南山中多有說者不了此物名禺作牛字圖亦作牛形或作猴皆失之也禺字音遇伏行人走其名曰狌狌食之善走生生禺獸狀如猿伏行交足亦此類也見京房易麗麔之水出焉麔音几而

图1-1　宋本《山海经》之《南山经》

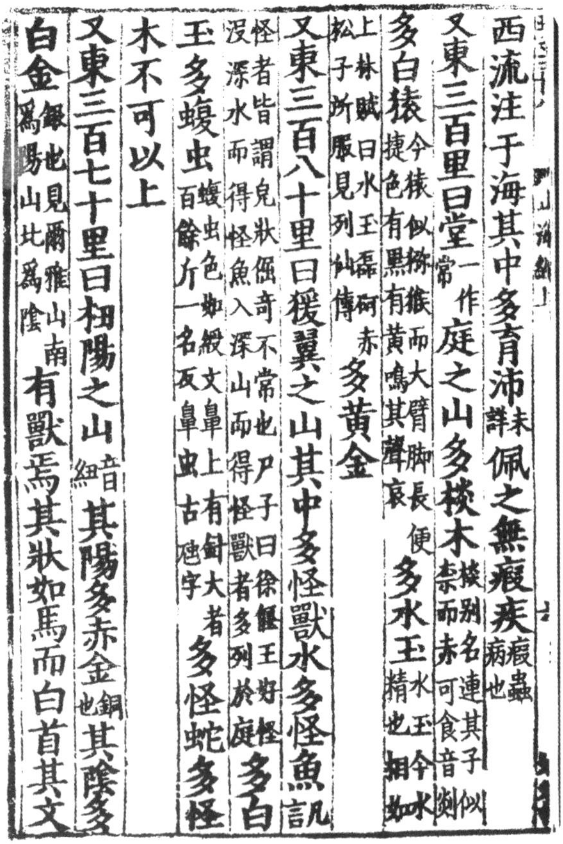
西流注于海其中多育沛未詳佩之無瘕疾瘕蟲病也
又東三百里曰堂一作常庭之山多棪木棪別名連其子似柰而赤可食音剡
多白猿今猿似獼猴而大臂腳長便捷色有黑有黄鳴其聲哀多水玉水玉今水精也相如
上林賦曰水玉磊砢赤松子所服見列仙傳多黄金
又東三百八十里曰猨翼之山其中多怪獸水多怪魚凡
怪者皆謂皃狀倔奇不常也尸子曰徐偃王好怪沒深水而得怪魚入深山而得怪獸者多列於庭多白
玉多蝮虫蝮虫色如綬文鼻上有鍼大者百餘斤一名反鼻虫古虺字多怪蛇多怪
木不可以上
又東三百七十里曰杻陽之山音紐其陽多赤金銅也其陰多
白金銀也見爾雅山南爲陽山北爲陰有獸焉其狀如馬而白首其文

图1-2　宋本《山海经》之《南山经》

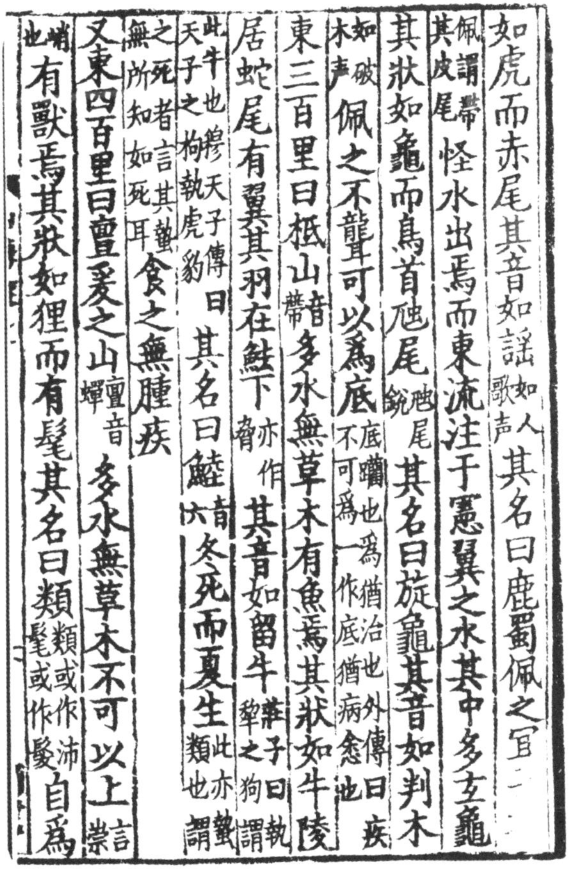
如虎而赤尾其音如謡如人歌声其名曰鹿蜀佩之宜
佩謂帶其皮尾怪水出焉而東流注于憲翼之水其中多玄龜
其狀如龜而鳥首虺尾虺尾銳其名曰旋龜其音如判木
如破木声佩之不聾可以為底底躪也為猶治也外傳曰疾不可為一作底猶病愈也
東三百里曰柢山音帶多水無草木有魚焉其狀如牛陵
居蛇尾有翼其羽在魼下亦作脅其音如留牛莊子曰執犂之狗謂
此牛也穆天子傳曰天子之狗執虎豹其名曰鯥音六冬死而夏生此亦蟄類也謂
之死者言其蟄無所知如死耳食之無腫疾
又東四百里曰亶爰之山亶音蟬多水無草木不可以上言崇
峭也有獸焉其狀如狸而有髦其名曰類類或作沛髦或作髮自為

图1-3　宋本《山海经》之《南山经》

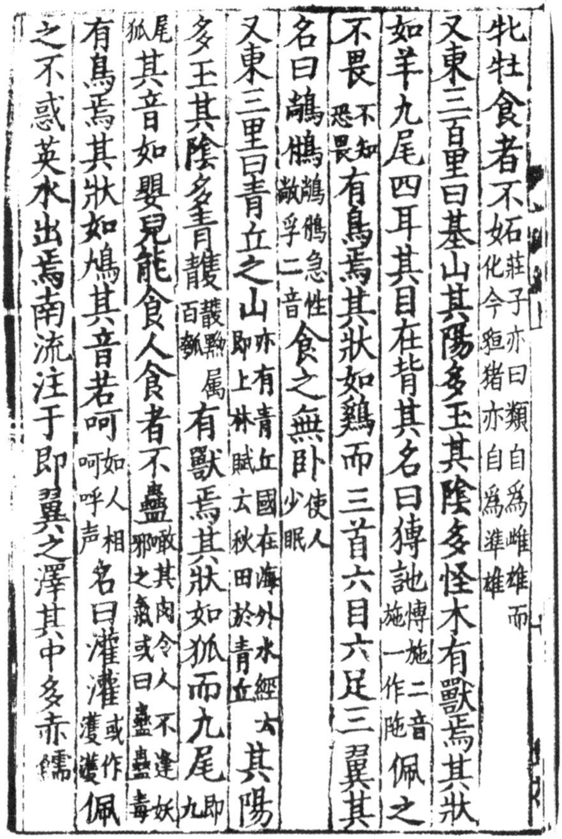

牝牡食者不妒（莊子亦曰類自爲雌雄而化今貆猪亦自爲雌雄）又東三百里曰基山其陽多玉其陰多怪木有獸焉其狀如羊九尾四耳其目在背其名曰猼訑（傅施二音施一作陁）佩之不畏（不知恐畏）有鳥焉其狀如鷄而三首六目六足三翼其名曰䳜鵂（䳜鵂急性敞孚二音）食之無卧（使人少眠）又東三百里曰青丘之山（亦有青丘國在海外水經云即上林賦云秋田於青丘）其陽多玉其陰多青雘（雘黝屬百瓠）有獸焉其狀如狐而九尾（即九尾狐）其音如嬰兒能食人食者不蠱（噉其肉令人不逢妖邪之氣或曰蠱蠱毒）有鳥焉其狀如鳩其音若呵（如人相呵呼声）名曰灌灌（或作濩濩）佩之不惑英水出焉南流注于即翼之澤其中多赤鱬

图1-4　宋本《山海经》之《南山经》

其狀如魚而人面其音如鴛鴦食之不疥㾣一作
又東三百五十里曰箕尾之山其尾踆于東海多沙石㾣古
璿字言臨汸水出焉而南流注于淯音其中多白玉
海上音存
凡䧿山之首自招摇之山以至箕尾之山凡十山二千
九百五十里其神狀皆鳥身而龍首其祠之禮毛言擇
其毛色也周官曰用一璋玉瘞瘞埋也稌用稌米祀取
陽杞用騂牲之毛一璋玉半主為璋　稌米粢
神之米先品反今江東音所一音祀　　　　
稻徐米稻也他觀反稌或作疏非也　　一璧稻米白菅為
席也音茅屬　　
也音間
南次二經之首曰柜山矩音西臨流黄比望諸毗東望長
右骨山英水出焉西南流注于赤水其中多白玉曰尸子
名

继续东行三百五十里为箕尾之山，此山的尾巴濒临东海，山上多沙石，汸水流经此山，南流注于淯水，水边有很多白玉。

以上是《南次一经》全部行程，一共记载了九座山，九座山加起来的总里程是 2700 里❷。这九座山里，几乎山山都有异兽怪鸟出没：有能像人一样行走的狌狌，有长着鸟首蛇尾的旋龟，有一身兼具雌雄双性器官的类，有九条尾巴、四只耳朵、眼睛长在背上的猼訑，有长着九条尾巴的吃人怪兽，有三头六目、六足三翼的𪄀鸺，有长着人脸的赤鱬，最奇的莫过于柢山上的鯥，身体像牛，长着蛇的尾巴、鸟的翅膀和羽毛，一身兼具鱼类、蛇类、兽类、鸟类四种动物的身体特征，它明明是鱼，却不是住在水里，而是住在山上，还能死而复活，如此稀奇古怪的动物，它不是怪物，谁算怪物？这一连串异兽当中，只有第一种，即招摇之山的狌狌，长相像猿猴，会像人一样双足着地奔跑，一看就是我们熟悉的猩猩，除此之外，其他几位的名字都是闻所未闻，长相更是见未曾见。此类或牛身蛇

---

❷ 《山经》的里仅相当于今天的几十米，笔者在《山海经的尺度》文章里有专门考证，此处不作展开。

尾，或人面鱼身，或双目在背，或三头六目的异兽，显然不像是大自然中实有的动物，那么，它们也许只是《山经》作者虚构的怪物，可是他为什么要无中生有地捏造这么多怪物呢？

我们再看看他一路经过的这九座山的环境：猨翼之山，不仅山上多怪兽，水多怪鱼、毒蛇、怪蛇，甚至连山上的树都是怪木，跟它相邻的杻阳之山，流出一条河流叫怪水。可见，这些山里几乎无处不怪，无物不怪。这位在南方的崇山峻岭、深谷密林中独自行走的《山经》的作者，似乎是一位初次涉足蛮荒之地的探险者，他所到之处，猛兽潜藏，毒蛇出没，怪鸟倏忽来往，眼前是飘忽无常的幻影，耳边是深林中时时传来的野兽低吼和怪鸟尖啸。他似乎每时每刻都担惊受怕，沉浸在怪兽出没的白日梦中，满脑子都是稀奇古怪的幻象。是不是他误将幻象当成了现实，因此捏造出了众多光怪陆离的怪物，写出了这部怪物出没的《山海经》呢？

白猿

狌狌

鹿蜀

旋龟

图2-1 《南次一经》的怪物

鮏

猼訑

鹢鹕

图2-2 《南次一经》的怪物

# 守护宝藏的怪兽

然而，仔细读读《山经》，却不难发现这位《山经》的作者，却又不像是一位妄想狂，倒更像是一位冷静的观察者和认真的记录者。

我们看到的《山经》，共有二十六篇，这二十六篇包括《南山经》三篇、《西山经》四篇、《北山经》三篇、《东山经》四篇、《中山经》十二篇，每篇记述一个山列，全书共记录了二十六个山列。每篇记述少则数山，多则数十山，均按照特定的走向依次记载每一座山的山名、里程、所出之水的名称、流向和归宿。每记一山一水，都会说明山上长什么草、什么树，山上有什么鸟、什么兽，水中有什么鱼类，山中和水里有什么金属、玉石和矿物。对每一座山上特有的草木、鸟兽、鱼类，则详细地加以描述，说明草木长什么叶、开什么花、结什么果，鸟类、兽类、鱼类长什么样子，它们的身体、脑袋、面孔、角、耳朵、眼睛、鬃毛、羽毛、翅膀、爪子、尾巴等分别长什么样子，草木的果实、动物的肉是什么味道、是否可食，吃了可以治什么病，动物的叫声像什么……

整部《山经》，共如此这般地记录了近五百座山峦、两百多条河流，以及生活、蕴藏于这些山峦、河流中的百余种野兽、百余种飞鸟、数百种草木、几十种水生动物、数十种矿物、数百种药物，并细致入微地记载了这些草、木、鸟、兽、金石矿藏的形状、习性、功用。记述山川，头绪分明，脉络清晰，描述草木鸟兽，绘声绘色，条分缕析，整部《山经》，不像胡编乱造、向壁虚构的小说志怪，或是东拼西凑、毫无条理的逸闻杂俎，倒像一部调查报告，一本纲目清晰的资源清单。这足见得作者既有科学家一样敏锐细致的观察力，又有会计师一样条理分明的记录能力，显然不可能是一位妄想狂——《山经》更像是一部有着周密计划、基于实地考察和真切见闻、系统记录山川自然资源的地理博物志。

山川是自然资源宝库，古人更是靠山吃山，靠水吃水，所以无论古今中外，国家都重视对山川自然资源的调查和开发。正如现在国家设有自然资源部一样，古代的国家也设有专门负责调查和开发自然资源的官府。对此，《周礼》一书就有详细的记载。《周礼》是一部成书于战国时期的古书,原名《周官》,分门别类地记述朝廷各个部分的官职、人员、分工和职责。此书的职官体系尽管是战国时期学者所拟构,并非古代国家行政制度的真实记载,但却也在相当程度上反映了历史真实。书中将全部官府分为六大部门,相当于现在政府的六大部委,其中之一叫"大司徒","大司徒"即"大司土",即相当于现在的国土资源部部长,他的职责是组织绘制全国地图,统计全国人口数量,根据地图,全面了解各个地区的土地面积以及山林、河流、沼泽、丘陵、平原、湿地的地名和物产。大司徒手下有好几个部门,专门负责各种自然资源的调查、收集和开发,就像现在的国土资源部下设的各个专业司、局一样,比如说,山虞,专门负责管理山林资源,全面掌握全国的森林分布,制定规章制度,禁止乱砍滥伐,什么时候该伐哪些树木,什么时候可以进山打猎,都有明文规定;川衡、泽衡,掌管全国的河流、湖泊、沼泽资源,包括水生植物和动物,如芦苇、蒲草、鱼类、水鸟等;角人,负责收集野兽的齿、角、骨等,古人用这些东西制作工具、武器和工艺品;羽人,则负责收集鸟类的羽毛,鸟类的羽毛很漂亮,古人用来制作服饰、旗帜等各种装饰品;掌葛,负责收集葛藤和各种有用的草类植物,葛藤纤维可以用来织布,葛布用来制作夏天的衣服；掌荼，负责收集各种可以食用的野菜；还有一位矿人，则要了解全国各地金、玉、锡等各种矿物的产地，绘制矿物分布图，矿物是国家的重要战略资源，故矿人要制定禁令，派人看守矿藏，禁止乱开滥采。以上这些都是负责调查、管理、开发各种自然资源的官府。

官府要开发利用山林、河流、沼泽中的动物、植物、矿物等自然资源，必然首先要组织人员对这些资源进行调查，将各种资源的品种及其分布情况，绘制成地图，登记造册，存在官府中作为档案，这种官府档案就是国土物产志或山川博物志。先秦时期的那些诸侯国，肯定都有这种国土物产志或山川博物志，但这种文献属于官方文书，它们只是写给相关部门的官员看的，而不是给一般人阅读的，它们与其说是图书，不如说是档案或账本。这些档案或账本藏于官府，不会流传于民间，由于改朝换代，国家灭亡了，此类文献也随之散失了，《山经》是唯一一部有幸流传下来的。

据《晋书·束皙列传》记载，西晋太康二年（公元281年），一伙盗墓贼挖开了位于汲郡（今河南卫辉市）的战国时期魏国君主魏襄王的墓，从墓里挖出了大量随葬的古书，包括有名的《穆天子传》《竹书纪年》等，其中有一部书叫《梁丘藏》，开头记载的是魏国历代君主的世系年谱，后面的内容则是记载"丘藏金玉事"，即山丘所藏金属、玉石，就是战国时魏国的矿物资源志，因为魏国后期迁都大梁（今河南开封），故又称梁国，"梁丘藏"，意为梁国的山中宝藏，这部古书也可以称为梁国的《山经》。可惜，这部一度重见天日的《梁丘藏》后来也不知下落了。

其实，《山经》的书名中，原本也有一个"藏"字，此书又名《五藏山经》，就道明这是一部宝藏之书。"五藏"当指五类宝藏，具体指哪五类，古人没有说明，根据书中的记载推测，大概是指草、木、鸟兽、金、石（矿物）五类物产吧，也有可能是东、南、西、北、中五方的宝藏。

《五藏山经》的末尾有一段话，假托大禹的口吻对天下的土地面积和自然资源做了总计：

> 禹曰：天下名山，经五千三百七十山，六万四千五十六里，居地也。言其五藏，盖其余小山甚众，不足记云。天地之东西二万八千里，南北二万六千里，出水之山者八千里，受水者八千里，出铜之山四百六十七，出铁之山三千六百九十。此天地之所分壤树谷也，戈矛之所发也，刀铩之所起也，能者有余，拙者不足。封

于太山，禅于梁父，七十二家，得失之数，皆在此内，是谓国用。

这段话说，天下的范围，东西为28000里，南北为26000里，有名字可记、有宝藏可供利用的名山共5370座，其中产铜之山467座，产铁之山3690座，这些铜、铁矿物资源，可供国家制造武器（戈矛刀铩），国家应该根据这一资源条件规划对资源的开发利用。《山经》全书用这段话作为结束，足以表明此书的国土资源志性质。

《山经》作为国土资源志，按部就班、分门别类地记载数百座山、数百条河流中的植物、动物、矿物资源数百种，一一载明其产地，并详细记述其形态、用途。根据《山经》的这些记载，人们按图索骥，就不难找到这些物产的所在地。可以说，《山经》就是一部"藏宝图"。

此种旨在全面记述国土自然资源的地理博物志，必定与国家的历史一样古老，而其兴盛则当在战国时期。战国时期，诸侯力争，各国都致力于富国强兵，因此尤为重视对土地的开发和自然资源的利用。托名管子所著的《管子》一书为战国时期齐国稷下学宫中的诸子百家学者著述的纂辑，书中即大谈特谈各种自然资源的开发和利用，《海王》篇载齐桓公向管子请教"何以为国"，管子对曰："唯官山海为可耳"，即国家设立官府，垄断对山、海资源的开发、利用和贸易。当时由于战争规模日益扩大，制造兵器需要大量金属，因此金属矿物成为重要的国家战略资源，矿物学也因此而发达，而矿物资源主要蕴藏于山区。《管子》有不少专门论述山地矿物学的段落，如《地数》篇说：

> 上有丹沙（砂）者，下有黄金。上有慈（磁）石者，下有铜金。上有陵（绿）石者，下有铅、锡、赤铜。上有赭者，下有铁，此山之见荣者也。苟山之见其荣者，君谨封而祭之。距封十里而为一坛，是则使乘者下行，行者趋，若犯令者罪死不赦。

这告诉我们，地面发现丹砂，其下当有黄金；地面发现磁石，其下当有铜矿；地面发现绿色的石头，其下当有铅、锡、赤铜等矿；地面发现红色的石头，其下当有铁矿。铜的氧化物（铜锈）为绿色，故有铜矿的地方呈现为绿色。湖北省大冶市有一座从商代就开始开矿的铜矿山，就叫铜绿山。铁的氧化物（铁锈）

为红色，故有铁矿的地方呈现为铁锈的红色，这些现象至今仍是地矿勘探的重要依据。矿物埋藏在山中，露出地面的即呈现为丹砂、铜绿、铁锈等各种迹象，古人称之为"荣"，就像矿物开出的花一样。管子建议齐桓公，派人进山探矿，凡是发现这种现象的地方，就将山圈起来，加以封禁，视为国家宝藏，禁止擅自开发，并在山上设立神坛，祭祀山神，将山林宣布为神圣之地。

《管子·国准》说"立祈祥以固山泽"，也是说设立对山、水之神的祭祀，守护山林川泽中的资源。古人敬神，对各种神灵都有一种发自本能的敬畏感、恐惧感，国家将蕴藏宝藏的山宣布为神山，不用派兵把守，就足以保护山上的宝藏不受侵犯。古今中外都流传着很多神兽或怪物守护着某地的宝藏的传说，西方往往是喷火的毒龙守护着山洞中的珍宝，中国的传说中则说水下的龙宫中金银财宝应有尽有，龙王就是水下宝藏的守护者，齐天大圣的如意金箍棒就是东海龙宫中众多宝藏中的一件。这种神兽或恶龙守护密室洞府中宝藏的故事，大概就是源于古人那种认为宝藏之地俱有山神守护的观念。

实际上，《山经》中就记载了很多守护山中宝藏的怪兽和龙神。《山经》二十六篇，每篇的最后都有一个结语，首先统计该篇记录的山列中一共有多少座山，总共经过多少里程，接着会记述掌管该山列的山神，不仅详细描述山神的形象，而且还说明祭祀山神所用的牺牲之物和献祭方式，可以将这段文字称为"山神祀典"。《南山经》三篇的山神祀典分别为：

> 凡䧿山之首，自招摇之山，以至箕尾之山，凡十山，二千九百五十里。其神状皆鸟身而龙首，其祠之礼：毛用一璋玉瘗，糈用稌米、一璧、稻米，白菅为席。
> 
> ……
> 
> 凡《南次二经》之首，自柜山至于漆吴之山，凡十七山，七千二百里。其神状皆龙身而鸟首。其祠：毛用一璧瘗，糈用稌。
> 
> ……
> 
> 凡《南次三经》之首，自天虞之山以至南禺之山，凡一十四山，六千五百三十里。其神皆龙身而人面。其祠：皆一白狗祈，糈用稌。

《南次一经》十座山的神都是龙首鸟身，祭祀它要用带毛的禽兽（牛、羊、猪或鸡等），跟一块玉璋一起埋藏到山上，还要用稌米、稻米和一块玉璧，放置在白茅草上，向神祷告。《南次二经》十七座山的神都是鸟首龙身，用毛牲和一块玉璧一起埋到山上献给它，同时也要献给山神稌米。《南次三经》十四座山的神都是人面龙身，用一只白狗，割开狗的耳朵或喉咙，将狗血涂在祭坛上，献给神，同时也要献给山神稌米。

其他几个山列的山神也形象各异：《西次二经》共十七座山，其中十座山的神是人面马身，另外七座山的神是人面牛身，这些神除像牛、马一样长着四足之外，还多出一只手臂，手中拄着拐杖，称为飞兽之神；《西次三经》二十三座山的神皆为人面羊身；《北次一经》共二十五座山，山神皆为人面蛇身；《北次二经》十七座山，山神也是人面蛇身；《北次三经》共四十六座山，其中二十座山的神是人面马身，十四座山的神是猪身，另外十座山的神是猪身蛇尾，长着八只脚；《东次一经》十二座山，其神皆龙首人身；《东次二经》十七座山，其神皆人面兽身，头上长角；《东次三经》十九座山，其神皆人身羊角。《中山经》十二个山列的山神形象也各不相同，或人面鸟身，或人面兽身，或人面猪身，或人面龙身，或人面三首，或龙首马身，或龙首鸟身，都是些相貌奇崛、令人望而生畏的神祇。

《山经》记述的这二十多位山神，尽管形象各异，祭品、祭器和仪式的品类和数量不同，但记述的体例

图3-1 《南次一经》之龙首鸟身神

图3-2 《南次二经》之龙身鸟首神

图 3-3 《南次三经》之龙身人面神

高度统一，体现出明显的人为设计的色彩。尤其值得注意的是，《山经》二十六个山列，每一山列的山数，少则数座，多则数十座，绵延的里程少则"数百里"，多则"数千里"甚至"上万里"，如此广大范围之内的群山却由一位神统领，每位山神的祀典和祭品也大同小异，这显然不可能是土生土长的地方性原始崇拜。土生土长的山神崇拜肯定是地方性的乡土之神，各地拜各神，一座山一位神，就像每个村子都有一位村长一样，而不会数座乃至数十座山由同一位神"统一领导"。

这种分片划区的山神制度只能是出自自上而下的制度性的安排，其所体现的正是《管子》里所说的，"立祈祥以固山泽"，国家借助山神祭祀制度，封禁山川宝藏，保护自然资源，而这些山神个个长得相貌怪异，与其说是令人敬仰的神，不如说是让人闻风丧胆的山怪，足以让入山者心生恐惧，裹足不前。

由此可见，《山经》篇尾祀典中记载的这些神怪，乍看之下尽管出人意表，似是发自古代神话的奇思妙想，实则是出自国家意志的理性设计。它们与其说是山中土生土长的怪物，不如说是国家意志的代言人。因此，不能将这些神怪与《山经》正文记载的那些散布于山川中的怪兽、怪鸟、怪鱼、怪蛇相提并论。

鲁迅在《中国小说史略》一书中，首先赋予《山海经》一书在中国文学史上的重要地位。他见《山海经》"记海内外山川神祇异物及祭祀所宜"，且"所载祠神之物多用糈（精米），与巫术合"，因此断定此书为巫书。鲁迅先生此说被文学史研究者奉为圭臬，影响极大，现代学者对《山海经》一书地位和价值的认知，很大程度上即基于鲁迅此论。这一观点导致《山海经》的神话学、宗教学和民俗学价值备受推崇，其固有的地理学、博物学价值却被大大忽视。

实际上，《山经》虽详载各个山列的山神祭祀之法，装神弄鬼固为巫师之能事，但像《山经》这般大规模、系统化的山神祭祀制度，却非巫师方士之流能办到的，而只能出自国家权力的宏观筹划和统一经营，其目的不在祀神祷鬼，而在管理山川、经营天下，巫术的背后是国家的权力。明白了这一点，就知道《山经》中所展现的山神祭祀制度，与其说是巫书的证据，不如说恰恰证明了它是先秦国家经略山川的地理博物之书。

山經全圖同興

孝收左耳有青蛇右耳有毛虎面而毛身西方金神也

九鳳九首人面鳥身鳥尾此越天橫之山

畢方鳥一足赤文青質白喙見則有訛火出豐我山

狀如鶴

獨㺓狀如𪏭犬而有鱗其毛如彘鬣降出溢之水

雙雙三青獸合體爲雙雙亦出流沙之東

泰逢狀如人而虎尾毛和山之神也好𡨢貝山之湯出入有光

形天無首操干戚以臍爲目以臍爲口

奔比獸身人面大耳珥兩青蛇

图4 清·新刻《山海经》全图

# 如何把一只猫变成怪兽？

说了这半天，人们不禁会问：《山经》既然是一部基于实地调查、旨在服务于国计民生的物产志或博物志，那么，书中那些三头九尾、人面兽身、非牛非马、不伦不类的怪鸟异兽，竟然会是古人亲眼所见吗？难道古时候竟然存在过诸如此类的异兽怪物吗？

其实，《山经》中没有怪物。那些所谓怪物，原本都是我们司空见惯的平常动物，书中那些如同异形般的怪兽，你在今天的动物园、水族馆中大都能看到。比如，上面我们谈到一种见于《南山经》的名叫"鯥"（音"六"）的怪兽，可谓一身集异形之大成。书中对鯥的描述是：

> 有鱼焉，其状如牛，陵居，蛇尾有翼，其羽在魼（亦作胁）下，其音如留牛，其名曰鯥，冬死而夏生，食之无肿疾。

鯥明明是鱼，却身形如牛，长着蛇的尾巴、鸟的翅膀，双胁（鮯）之下长羽毛，兼具飞鸟、走兽、游鱼、爬虫类动物的特征，是完全违背动物分类学规律的怪物。此物不仅长相离奇，习性也怪异：明明是鱼，却住在山上，在冬天死去，到夏天又会复活。它不仅打破了动物分类的边界，而且还打破了空间（水与陆）和时间（生与死）的秩序。此等与自然秩序背道而驰、格格不入的怪物，似乎不可能存在于现实中，而只能存在于科幻电影里。

其实，这怪物不是别的，就是今天仍能看到的穿山甲。

穿山甲，古书中称为"鲮鲤"或"龙鲤"。"鲮鲤""龙鲤"，跟"鯥"发音相近，只是对同一个音的不同转写而已。《山经》说，"其音如留牛，其名曰鯥"，"留牛"的发音也近似于"六"，可见，穿山甲被称为"鯥"，即因为其叫声大概类似"留留留"的发音，"鯥""留"音通。古人根据穿山甲的叫声为之命名。很多动物的名字都源于其叫声，小鸡叫起来"叽叽叽"，故名为鸡（雞）；鸭子叫起来"嘎嘎嘎"，故名为鸭；狐鸣"呱呱"，故名为狐；鹅鹅鹅，曲项向天歌，故名为鹅……《山经》常说某某动物"其鸣自号""其名自呼"，说的就是这个意思。比如《南山经》说："有鸟焉，其状如枭，人面四目而有耳，其名曰颙，其鸣自号也。"这种鸟的名字叫颙，"其鸣自号"，说明它的叫声与"颙"的发音相近。《北山经》说："有鸟焉，其状如雌雉而人面，见人则跃，名曰𫛭斯，其鸣自呼也。"这种鸟的名字叫𫛭斯，"其鸣自呼"，说明它的叫声跟"𫛭斯"的发音相近。大自然中的生灵千腔百调，古人根据它们各自的腔调给它们命名，每种生灵因此才拥有了自己的名字。

　　《山经》关于鯥的"怪异"记述，都是基于对穿山甲的细心观察和客观记述：穿山甲的个头固然与牛相去甚远，但穿山甲身大头小，背部隆起，确与牛的体形有几分相似，故书中谓之"其状如牛"；穿山甲尾巴修长，故谓之"蛇尾"；穿山甲周身披甲，鳞片重叠，有似鸟翼，故谓之"有翼"；穿山甲鳞片间生有硬毛，身体两侧硬毛尤多，像是细密的羽毛，故谓之"魼下生羽"；穿山甲像鱼一样，周身生鳞，还能下水游泳，故谓之"鱼"；穿山甲有冬眠的习性，还有装死的本事，且见到人就卷成一团装死，故谓之"冬死而夏生"。可见，《山经》关于鯥的记述，对照穿山甲，可谓无一字无根据，无一字无来历，完全是源于对穿山甲的实际观察。

　　穿山甲以蚂蚁为食，因此善于打洞，即使坚硬的山岩都难不倒它，故俗称穿山甲。《山经》说"食之无肿疾"，意为吃了穿山甲可以消肿。古人觉得穿山甲既然善于打洞、吃蚂蚁，那么，自然可以靠它来打通身体中的堵塞，吃掉身体里的虫，故中医经常用穿山甲作为消痈化肿的药。李时珍在《本草纲目》说，穿山甲"通经脉，下乳汁，消痈肿，排脓血，通窍杀虫"，意思是：经脉不通，吃穿山甲；产妇奶水下不来，吃穿山甲；消痈化肿，吃穿山甲；疮疖里的脓血排不出来，吃穿山甲；肚子里有虫，吃穿山甲……最终把原本到处可见的穿山甲，吃得几乎断子绝孙，以至于国家最近不得不把穿山甲列为一级保护动物，禁止入药。

穿山甲这样一种司空见惯的动物，现在更是成了人见人爱的网红动物，为什么到了《山海经》中，就成了天字第一号的怪物了呢？道理很简单。《山经》是博物之书，旨在记录各种动物、植物和矿物资源，它记录动物，不仅要说明某某山有什么动物，叫什么名字，而且还要对动物的长相详加描述，这样才能让人将其记录的名字与其所指的动物对号入座。上古博物学尚未建立像现代博物学这样标准的分类体系、形态学术语体系与描述方式，更没有博物绘画术和照相术，要用文字记述向人们介绍一种陌生动物的长相，最简单的办法就是借人们熟悉的动物对之进行比方形容，说它的脑袋像啥，身子像啥，尾巴像啥……如此这般，就"拼凑"出了形形色色、兼具多种动物特征的异形"怪物"。实际上，不管古今中外，人类一直就是用这种方式介绍、描述陌生动物的，古希腊的历史学家希罗多德在《历史》中，古罗马博物学家普林尼在《博物志》中，都经常使用这种方法描述异域动物。考证这些动物究竟是现实中何种动物，成为后来的西方历史学家和博物学家的难题。其中很多被后人当成了怪物，正如《山经》中的动物被后来的中国人当成怪物一样。法国学者埃里克·巴拉泰在《动物园的历史》一书中说，哥伦布发现新大陆后，欧洲的探险家、旅行者和博物学者在美洲、大洋洲等地发现了大量前所未见的动物，他们为了向欧洲民众介绍这些异域动物，不得不采取比拟的方法，借助欧洲人熟悉的动物描述异域动物的各个部位，于是，在欧洲人的想象中，新大陆成了怪兽出没的世界。为了满足欧洲人对于异域怪兽的好奇心，大量异域动物或动物标本被带回到欧洲的动物园、博物馆、珍宝馆，并在博览会、展览会上展出。1784年在巴黎举行的圣洛朗展会上，一头来自麦哲伦海峡的怪兽被展出。一位英国女性参观者是这样描述的：

> 这只动物有一个豹子一样的脑袋、明亮的大眼睛、狮子般的利齿和长长的胡须，头部下方有一对鳍状短肢，肢端的蹼掌就像鹅掌，长着有力的爪子。……中部肥大，堪比一只大狗，后部呈鱼尾形，两边各有一鳍，类似狗的后足，但要短一些，而且就像前鳍一样末端有爪。它的皮肤光滑无鳞，恰似鳝鱼，呈暗灰色，与其说有斑点，不如说混有黑色。……我从来没见过这么怪异的动物。

她说的这只怪兽，混合了豹子、狮子、狗、鹅、鳝鱼等各种动物的特点，其实就是海狮。在18世纪的欧洲，有些骗子甚至利用地理大发现而激发的公众对于异域怪兽的好奇心，故意用这种描述方法"制造"怪物，招徕观众。比如说，在1774年的巴黎，有一只名为"冈冈"的怪兽就激发了人们巨大的热情。据说这只怪兽有着俄罗斯人的脑袋、大象的眼睛、犀牛的耳朵、蛇的脖子和海狸的尾巴。公众纷纷前来看稀奇，结果看到的是一头骆驼。

用《山经》的记述办法，你可以把任何动物瞬间变成怪物。比如说猫，猫长啥样，地球人都知道，但是，如果一位外星人来到地球，第一次见到猫，他该如何用语言向其母星人介绍呢？他也许会说：这个星球上有一种野兽，长相似老虎，面孔像人类，身上长着豹子的斑点，尾巴摆动起来像蛇一样，叫声像人类的婴儿哭泣，人类根据它的叫声称之为"猫"，还养它来捕捉老鼠。用《山经》博物学的语言翻译过来就是："有兽焉，其状如虎，人面豹身蛇尾，其鸣如婴儿，其名曰喵，其鸣自呼，养之可以避鼠。"

明白了这个道理，也就不难看穿《山经》中种种"怪物"的本来面目。我们再来看看《南山经》记载的几种怪物：

柜山，"有鸟焉，其状如鸱而人手，其音如痹，其名曰鴸"，这是一种长着人手的怪鸟。其实就是鸱鸮，也就是猫头鹰。猫头鹰的爪子确实形同人手，吃过鸡的都知道，胖胖的鸡爪看起来也跟人手差不多。

尧光之山，"有兽焉，其状如人而彘鬣，穴居而冬蛰，其名曰猾褢"，这是一种长相像人一样的怪兽，脑后长着野猪一样的鬣毛，住在洞穴里，到了冬天就睡大觉。其实就是熊，熊喜欢像人一样直立，故说它"状如人"。

鹿吴之山，"有兽焉，名曰蛊雕，其状如雕而有角，其音如婴儿之音"，这是一种角雕，一些雕、猫头鹰在眼睛上方长着长长的两簇羽毛，看起来就像长了两只角，由于这两簇羽毛看起来又像是长在脑袋上的两只耳朵，故今人称之为耳羽。

如果不明白这个道理，那就难免少见多怪，举目所及，在《山经》中看到的莫非怪物。比如，在明清时期的一些插图本《山海经》中，鲮就被画成一个长着牛头、鱼身、蛇尾和两个翅膀的水中怪兽，从这些图中，你能看出一丝一毫穿山甲的样子吗？

再举一个例子。《北山经》的丹熏之山上，有一种怪兽，"其状如鼠，而菟首麋身，其音如獆犬，以其尾飞，名曰耳鼠。食之不睬，又可以御百毒"。此兽样子像老鼠，脑袋像兔子，身体像麋鹿，叫声像狗嚎，最奇的是，它飞行不用翅膀，而是用尾巴。乍看委实奇怪，其实，这种动物就是鼯鼠，亦即飞鼠。鼯鼠头部像兔子，故谓之"菟首"；所谓"麋身"，当指鼯鼠身体的颜色而言，麋鹿为红褐色，我国常见的复齿鼯鼠（学名：Trogopterus xanthipes）颜色与之相近。鼯鼠不会飞，但它四肢间生有飞膜，飞膜张开可以从高处向低处滑翔，滑翔时蓬松的尾巴也张开，故谓之"以其尾飞"。

鼯鼠还有一种特别的习性。一般的动物都是在春

图 5 鯥

明·万历时期刊本《金石昆虫草木状》 文俶 绘

**图6 穿山甲**

暖花开的时候发情求偶，鼯鼠却是在寒冷的冬天过"情人节"，公鼯鼠在发情时会发出"咕—咕—咕"的叫声，母鼯鼠则发出"空—空—空"的叫声，所谓"其音如獋犬"，说它的叫声像狗叫，大概就是指它的这种叫声。在萧条的冬天里，鼯鼠求爱的呼唤显得格外孤独、凄凉。中国人都知道小学课文《寒号鸟》里那只可怜的寒号鸟，它得过且过，不肯趁天气暖和筑巢，到了冬天没有房子住，结果被冻死，寒号鸟正是鼯鼠。其实，所谓"寒号"，根本不是被冻得嗷嗷叫，那是人家鼯鼠热恋中的歌唱。况且，鼯鼠是筑巢能手，通常住在岩壁的石缝、树洞里，冬天会用草、羽毛把洞口堵上，根本冻不着。人类最大的毛病，就是以"万物之灵"自居，总喜欢打着"共情"的旗号把自己的成见投射到那些参差多态的生灵们身上。

据说，鼯鼠能够一边飞一边产子，根本不把生孩子当一回事，因此古人认为产妇临产时，手里拿一块鼯鼠皮，就不会难产。《山经》也记录了鼯鼠的药效，即"食之不眯，又可以御百毒"，"眯"是胀肚子的意思。《本草纲目》说鼯鼠的肉可以治疗腹疼，大概就是由此而来，不知道古人所说的胀肚子是不是也包括难产。

鼯鼠的粪便在中医眼里也是一件宝。如果你去看中医，在郎中先生给你开的方子里看到"五灵脂"，千万不要认为那是山上的灵芝草，那其实是鼯鼠拉的屎。《本草纲目》说五灵脂能够解毒，包括毒药中毒以及毒蛇、蝎子、蜈蚣叮咬中毒，《山经》说鼯鼠"可以御百毒"，大概那时候的人们已经用鼯鼠屎解毒了。

上面说的都是一些多种动物的形体组合而成的怪兽，我们姑且称之为"组合兽"，它们原本并非怪兽，其实都是我们熟知的动物，只是因为我们不了解古代博物学的记述方式，不再用跟古人一样的目光看待这些动物，才把原本平凡的动物看作了怪物。

《山经》中还有一类怪兽，就是那些长着三个脑袋、六个翅膀、九个尾巴之类的怪兽，不妨称之为"畸形兽"。走兽四足，飞鸟双翼，鱼蛇不长腿，牛羊两只角，不管什么动物，都只有一个脑袋、一条尾巴，这是今人皆知的常识。《山经》中却记载了大量的多足、多翼、多尾、多目、多角或少足、少目的怪物，那么，对《山经》中这些畸形怪兽，又该如何解释呢？

诸如此类的记述，有些可能是源于古人博物学观察的局限性。古代没有动物园，没有自然博物馆、标本陈列室，将五湖四海的物种收集、陈列其中，让动物学家或公众就近仔细观察动物的长相。野兽飞鸟隐

明·万历时期刊本《金石昆虫草木状》 文俶 绘

**图 7　鼺鼠**

于密林茂草，出没无常，行踪诡秘，人们往往唯闻其声，不见其形，即使偶尔目睹其形，也无法细致观察，因此难以准确描述其形态、长相。加之野兽出没，往往给人带来恐惧，因此人们在描述其形象时也难免夹杂想象和夸张的成分。《大戴礼记》说："平原大薮，瞻其草之高丰茂者，必有怪鸟兽居之；……高山多林，必有怪虎豹蕃孕焉；深渊大川，必有蛟龙焉。"茂草大薮、高山深林、深渊大川，本身就神秘莫测，因神秘而导致人们对出没于其中的鸟兽生出种种不切实际的幻想，自是在所难免的。

不过，切不可低估古人对事物形象的观察能力和了解程度，而轻易地将《山经》中不合乎自己常识的记载皆归之于古人的无知。有时候，无知的可能不是古人，而恰恰是我们自以为无所不知的现代人。

《东山经》有一座山叫葛山，澧水流经此山，汇入余泽，澧水中有一种珠蟞鱼，"其状如肺而四目，六足，有珠，其味酸甘，食之无疠"。这是一种生着四只眼、六条腿的怪鱼，在明清时期的《山海经》插图中，就把它画成了一条头长四只眼、身体两侧各生三足的鱼。乍看这段文字，无疑胡说，世界上哪有长四只眼、六只脚的鱼？但《山经》既然称"其味酸甘，食之无疠"，可见古人确实吃过这种东西。其实，如果你早些年在广东、福建、海南生活过，逛过那里的鱼市，也许就见过这个怪物，甚至还可能吃过，它就是被称为"生物活化石"的鲎。

中华鲎（学名：Tachypleus tridentatus，音"后"）是肢口纲剑尾目海洋节肢动物，在我国广东、广西、福建沿海海域有广泛分布。鲎长着像鳖盖子一样的壳，鲎壳暗红，故称"珠蟞"（"蟞"通"鳖"）；鲎的身体由两节组成，形如肺叶，故说它"如肺"；鲎头胸甲两侧有一对大复眼，头胸甲前端还有两只小眼睛，只用来感知亮度，故说它"四目"；鲎共有十条腿，这里说它"六足"，虽不中亦不远。可见，《山经》关于珠蟞鱼的描述，跟鲎的长相一一吻合，所以，千万不要低估《山海经》的真实性。

鲎是一种非常古老的生物，最早的鲎化石属于距今四亿年前的奥陶纪，与它同时代的生物，或已灭绝，或者进化，只有鲎还保持着它四亿多年的原始相貌，故被称为"生物活化石"。鲎多见于南海，每当春夏季鲎的繁殖季节，雌鲎、雄鲎一旦配对，便形影不离，雌鲎驮着雄鲎，成群结队地乘风破浪，漂洋过海。李时珍《本草纲目》就记载说："每过海，相负示背，乘风而游，俗呼鲎帆。"我曾经为了寻找鲎的图片，在淘宝网上看到一个销售鲎壳工艺品的卖家，图片秀上打

图8 珠鳖鱼

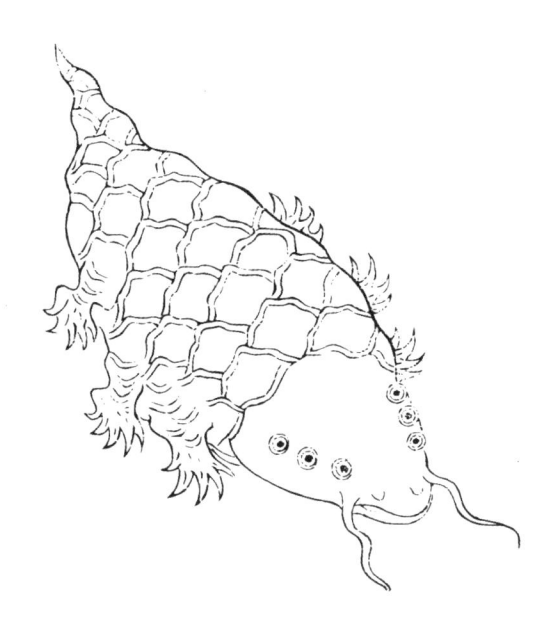

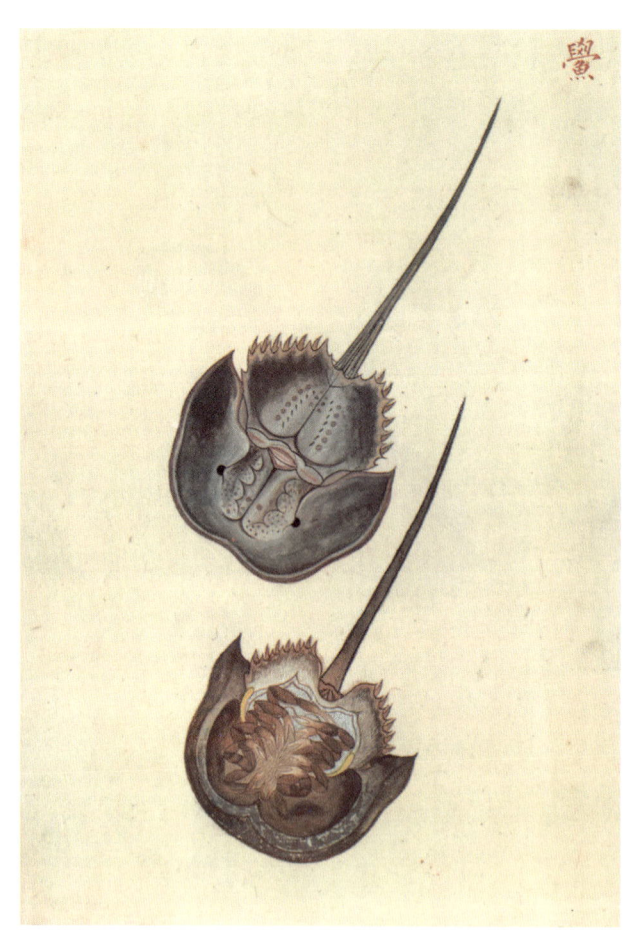

明·万历时期刊本《金石昆虫草木状》 文俶 绘

图9 鲎

着"四亿年爱情的见证"的广告语。幸好李时珍没说吃鲎可以壮阳，否则鲎大概也早就被吃绝了。尽管如此，如今中华鲎的数量也大大减少，已列入动物保护目录，禁止捕捞。

《山经》记载了多种多首、多身、多肢的鱼类，再来看几种。《东山经》有一座东始之山，泚水流经此山，东北流注于海，泚水中有漂亮的贝类，还有一种茈鱼，"其状如鲋，一首而十身"，这是一种一个脑袋上长着十个身子的怪鱼。这种鱼名叫茈鱼，"茈"即"紫"字，茈是一种草的名字，根和皮都是紫色，古人用它制作紫色染料，故称紫草，"茈"是"紫"的本字。古人称此鱼为"茈鱼"，当是因为此鱼的身体是紫颜色的。紫颜色的鱼很少，但常见的章鱼，其身体通常就是紫红色的，茈鱼很可能就是章鱼。章鱼的身体呈卵形，头部与躯体分界不明显，长有八条长而粗壮的腕足，因此又称八爪鱼、八带鲥。由于章鱼腕足粗壮，且头与躯体无明显区别，与其长长的腕足相比，显得较小，因此其身体会被视为头部，腕足则被视为身体，茈鱼"一首而十身"大概就是这样来的。章鱼生活在海洋中，淡水中无章鱼，《东山经》说泚水流经东始之山后注于海，说明东始之山滨海，泚水与海相通，故章鱼可由海进入泚水中。

笔者老家在胶东，靠海很近。胶东人喜欢吃海鲜，每年秋天八带鲥上市，把新鲜的八带鲥用开水焯熟，加小葱、姜丝、米醋凉拌，佐以青岛扎啤，是酒席桌子上常见的时令佳肴。《东山经》记载的就是山东半岛的地理，茈鱼所在的泚水，就是淄水，"泚"通"淄"，淄水是一条古老的河流，周人封齐国于临淄，临淄就因淄水而得名。《东山经》的记载意味着，山东半岛滨海居民很早就吃八带鲥了。不知道"泚水"是不是因为盛产"茈鱼"而得名。

说完章鱼，就不能不提鱿鱼。鱿鱼跟章鱼长得有点相似，都属于头足纲蛸亚纲的海洋软体动物，它们都长着多条腕足，肚子里都有墨汁，吃起来的味道也有点像，不过，章鱼的身子小、腕足长，有八条腕足，故在分类学中归于八腕目，鱿鱼的身子长、腕足短，有十条腕足，故被归于十腕目。章鱼腕足长，肉质脆，适合凉拌，而鱿鱼肚子大，肉质软，适合烧烤，夏日的烧烤摊怎么会少了烤鱿鱼的味道呢？

古人既然能吃章鱼，也不会放过鱿鱼，《山经》中就有鱿鱼。而"鱿鱼"这个名字，最早就源于《山经》。《北山经》有一座带山，彭水流经此山，"其中多儵鱼，其状如鸡而赤毛，三尾、六足、四首"。"儵"从"攸"得声，读作"由"，与"鱿"音通，此字从

"黑"，有黑的意思，可读作"黝"，鱃鱼当即鱿鱼，因为鱿鱼有墨，故古人称之为鱃鱼。清代学者郝懿行是山东栖霞人，对博物学深有造诣，撰有《山海经笺疏》和《尔雅义疏》，两书都侧重对草、木、鸟、兽、虫、鱼的考证。郝懿行家居胶东，常吃海鲜，对海产很了解，因此专门写了一部《记海错》，记载他在老家见过、吃过的各种海产动物。所以，他一眼就看出《北山经》的鱃鱼就是鱿鱼。

《北山经》称鱃鱼"其状如鸡而赤毛，三尾、六足、四首"，说鱿鱼三尾、六足、四首好解释，鱿鱼生有十只腕足，鱃鱼的"三尾、六足"大概就是由此而来。古人观察不够准确，大概把鱿鱼的头部、腹部和两个尾鳍都当成了脑袋，故有"四首"之说。然而，书中说鱃鱼长相像鸡，该当如何解释呢？在我们心目中，烤鱿鱼跟下蛋的鸡，无论如何也扯不上亲戚。其实，一般人都只见过冰冻鱿鱼或烤鱿鱼的样子，不应该根据它们去想象大海里的鱿鱼。郝懿行对这条的注释，引用同样熟悉水产的广东人的说法，称"今粤东人说海中有鱼名鱃，形如鸡而有软壳，多尾足，尾如八带鱼"，可见，广东人眼里的鱿鱼确实长得像鸡。说鱿鱼像鸡，大概说的是鱿鱼在水中游动时的样子吧？至于《山经》还说鱃鱼身生赤毛，大概是对鱿鱼身上红色斑点的误解。

《山经》的作者说儵鱼"食之可以已忧",吃掉它可以忘记忧愁。这一点今人或还可以体会到,试想炎炎夏日,在海边的烧烤大排档上,点几串鲜嫩的烤鱿鱼,来两扎沁人心脾的冰镇啤酒,是不是所有的烦恼忧愁都丢到大海里去了?

上面我们谈到的三种多头、多身、多足、多尾的怪兽,珠鳖鱼(鲎)、茈鱼(章鱼)、儵鱼(鱿鱼),都是海洋动物。海洋动物遨游大洋,潜藏水中,平常很难被人看到,待它们被渔民捕获出水,则大多已经死亡,身体变形,已不是活着时的模样。而且,海洋动物跟人们经常见到的陆地生物相比,大都长相相去甚远,往往体形特殊,多腕足,多尾多鳍,因此天生就让人觉得怪异。古人很难对活着的海洋生物进行直接观察,因此在对其进行形态学描述时,就难免失真和误解,并且难免用其熟知的陆地生物的样子进行比拟,比如把鱿鱼比作鸡(胶东人把跟鱿鱼长相相似的乌贼称为海兔子,其实乌贼也根本不像兔子)。后来的读者,没有亲见其物,仅据其文字而悬想,难免根据古人原本质朴的描述凭空造出了许多怪物,于是,汪洋大海就成了各种海怪、水妖潜藏的渊薮,被笼罩上一

图 10-1　16世纪欧洲人绘制的北欧地图中的海怪（局部）
*Olaus Magnus' Map of Scandinavia*, 1539

CARTA MARINA ET DESCRIPTIO
SEPTEMTRIONALIVM
ERRARVM AC MIRABILI
GRVTLADIE PARS
GRVTLANDIE PARS
ISLANDIA
A
MARE GLACIAE
OCCIDENS
PISTR SIVE PHISETER
FARE
ZIPHIVS
TILE
D
ORCADES XXXIII
NORMORIA
NORVEGIA
REGNVM
TREMARCHIA
MARE
DEVCALIDONICVM
SCOCIE PARS
TVEDA
ANGLIE PARS
G
OCEANVS BRITANICVS
MARE GERMANICVM
DANIA
HOLSATIA
FRISIA
SCALA MILLIARIVM
GRADVS LONGITVDINIS

图 10-2　16 世纪欧洲人绘制的北欧地图中的海怪（全图）

*Olaus Magnus' Map of Scandinavia*, 1539

层浓重的神秘色彩。

中国主要是一个大陆国度，因此中国人心目中的怪兽主要住在山里；希腊人是一个航海民族，所以他们心目中的怪兽大都住在海里，在他们的想象里，大海就是各种海怪水妖出没的地方。荷马史诗《奥德赛》讲述的是希腊英雄奥德修斯在特洛伊战争胜利后驾船归航的海上之旅，他和水手们一路上经常受到海怪的惊扰和伤害。直到西方的大航海时代，西方人对于大海的地理和生物知识越来越丰富，大海的神秘感才逐渐散去，但在当时西方人绘制的一些航海图和世界地图里，在陆地四周的海域里仍常常描绘着各种形貌狞恶、张牙舞爪的海怪。

《山经》多怪物，还有一个重要原因，就是古人对动物的分类原则与我们不同。

《山经》每记一山的动植物形态、用途，开头一句总是"有草焉……""有木焉……""有鸟焉……""有兽焉……""有鱼焉……""有蛇焉……"，表明它将植物分为草和木两类，将动物分为鸟、兽、鱼、蛇几类。不过，我们不能把现代生物分类学的概念套在《山经》的鸟、兽、鱼、蛇的概念之上。古人对动物分类从直观出发，不仅依据其长相形态，还根据其生活环境，凡是天上飞的都称为鸟，凡是地上跑的都称为兽，凡是水中游的都称为鱼，凡是蜿蜒爬行的都称为蛇，即所谓飞者鸟、走者兽、游者鱼、爬者虫。《圣经·创世记》开头一段讲述造物主创世，首先开天辟地，创造天空、大地和海洋，第五天着手创造各种生灵，造了各种飞鸟在天空，造了各种鱼类在水中，造了各种牲畜、昆虫、野兽在地上，第六天，造了人类，"使他们管理海里的鱼、空中的鸟、地上的牲畜并地上所爬的一切昆虫"，可见，古代希伯来人的动物分类与《山经》如出一辙，也是以飞、走、游、爬及其生活的空间为分类依据。如果我们不了解古人的这种分类法，把《山经》所说的兽、鸟、鱼、蛇等同于今天所谓的兽、鸟、鱼、蛇，就很容易误解《山经》的记述，把其记述的原本平凡之物当成不伦不类的怪物。

比如说，鲎、章鱼、鱿鱼，由于都生活在水中，故《山经》均归之于鱼类。实际上，鲎属于节肢动物，并非鱼类，节肢动物有很多足并不稀奇，常见的鱼类却并不长足，但《山经》既称之为鱼，又说它有六足，按照现代动物分类去理解，就成了怪物。章鱼、鱿鱼都是头足纲的软体动物，也非鱼类，今天尽管习惯上仍称章鱼为"鱼"，但都知道章鱼不是一般的鱼类，软体动物的头、身、尾、足不像一般的鱼那样界限分明，

清·《山海经存》 汪绂 释

《谟区查抄本》(*Boxer codex*),约1590

**图11 茈鱼**

加之它们往往有多条腕足，所以《山经》说茈鱼一首十身，䲃鱼三尾六足四首，现代生物分类体系中哪有这样的鱼类？于是也就被当成了怪物。明清时期的《山海经》插图，就老老实实地将茈鱼画成十个身子共一头的鱼，将䲃鱼画成长着四个脑袋、六只脚、三条尾巴的鱼。穿山甲更不是鱼类，但由于穿山甲跟鱼一样，浑身生鳞，故《山经》也归之于鱼类，世界上哪有其状如牛、住在山上、长着翅膀和羽毛的鱼？

再举一例。众所周知，蛇没有脚和翅膀，但《山经》中蛇却既有脚又有翅膀。《西山经》的太华之山有一种名叫肥蟥的蛇，六足四翼，《中山经》的鲜山有鸣蛇，"状如蛇而四翼"，很容易被现代读者当成怪物。其实，只要了解古人将所有像蛇一样蜿蜒爬行的爬虫都称为蛇，就知道这些有四足和翅膀的"蛇"并非我们现在通常说的蛇，而是蜥蜴和飞蜥。飞蜥身体两侧生有飞膜，既能够像蛇和蜥蜴一样爬行，也能凭借飞膜滑翔。其实，《山经》称飞蜥为"肥蟥"，"肥蟥"即"逶迤""委蛇"，本义都是形容蛇或蜥蜴蜿蜒爬行的样子。河流在大地上蜿蜒流淌，山脉在大地上绵延伸展，都有似于蛇蜿蜒而行的样子，故可以说"山脉逶迤""大河逶迤"。古人用同一个形容词为蛇、蜥蜴、飞蜥命名，表明在古人的心目中，蛇、蜥蜴、飞蜥，都被归于同一类。

综上所述，可见《山经》之所以多怪物，与其说是由于古人胡思乱想、凭空捏造，还不如说由于作为读者的我们少见多怪，既缺乏像《山经》作者那般丰富的博物学知识，又不了解《山经》博物学的记述体例和分类体系，以至于将在古人眼里原本平淡无奇、司空见惯的动物全都看成了怪物。其实，《山经》里的那些怪鸟异兽，在今天的动物园、水族馆中大都还可以看到。这些原本平凡的生灵，之所以变成怪物，只是因为在我们和古人之间横亘着漫长的岁月，让我们已经无法理解古人原本朴素的博物学话语，无法再用像他们一样的眼光看待世间万物。山川依旧，山川中的草木鸟兽依旧，记录这些草木鸟兽的古书依旧，只是人类的精神世界已经数度沧桑，因此，在我们的眼里，《山经》这本书所呈现出来的已经是一个面目全非的世界。

归根到底，大自然不会制造怪物，古人也不会捏造怪物，是文化与传统的断裂造就了这些怪物。在漫长的文明史中，在不断堆积的简册书卷中，在茂密深邃的符号丛林中，这种传统的裂隙无处不在；这些无所不在、纵横交错的文化裂隙正是各种"文化误解"的滋生之地，也是形形色色"怪物"的隐身之处。怪物既不住在深山里，也不住在大海里，更不住在古人的幻想里，而是住在我们与古人之间久远的时光里。

## 二 妖怪的秘密

# 什么是妖怪？

在一般读者心目中，《山海经》不仅是怪物志，还是妖怪谱。

"怪物"和"妖怪"，尽管名字里都有一个"怪"字，实质却大不相同。一个动物如果只是长得古怪，我们称之为怪物，所以才有"丑八怪"这个说法。但如果一个动物长得也许并不怪，乍看可能平淡无奇，但它却会变化，能变身，并且给人带来伤害，那么，它就是妖怪了。说一个东西是"怪物"，着重其形象，"物"字的一个意思就是指外在形象，"物色"作为动词，就是指观察事物的形象。说一个东西是"妖怪"，则着重其变化和后果，"妖"的意思就是善变化、能害人。因此，一种动物，甚至一种植物、一件器物，即使形象并不怪异，只是平素常见之物，但却可以变化为人，吸人精血，伤人性命，甚至祸国殃民，或至少出没无常，令人不安，扰乱正常的社会、生活秩序，就会被视为妖怪。实际上，我们一般理解的妖怪，就是《搜神记》《西游记》《聊斋志异》《阅微草堂笔记》等志怪小说里那些善于变化、蛊惑人心的动物、器物变成的精怪。如《西游记》里的白骨精、蜘蛛精、琵琶精，《聊斋志异》里面的花妖、树精、狐狸精等。正因为妖怪善于变化这一特点，故又被称为"妖精""精怪"。"精"指精气、精神，《周易·系辞传》说："精气为物，游魂为变。"又说："天地絪缊，万物化醇，男女构精，万物化生。"事物之所以能变化，有生命，就是因为它为精气灌注，故称"妖怪"为"妖精""精怪"，意在强调其精灵古怪，变化多端。

万物皆有定形，亦皆有定性，正因每个事物都具有自身同一性，万物才能各归其类，各安其位，世界才有秩序，才能让人心安。事物的同一性是人类赖以对万物进行划分、为世界建立秩序的最重要依据。如果一个事物隐瞒其本来面目，或者改头换面，变成其他事物的样子，它就打破了事物固有的同一性，因此也就破坏了既定的分类和秩序。此种有违事物同一性的现象，即使它并无危害，也会让人心神不宁。实际上，一个事物或一个人，之所以要改头换面，乔装改扮，大半是有不可告人的目的。狐狸变成美女或俊男，是想吸人精血，助自己修炼成仙；坏蛋装扮成良民，是为了获取情报，杀人越货，制造混乱。通过变化形象、隐瞒身份而祸害人间，在动物则为妖精，在人类则为奸细。奸细是隐姓埋名打入对方阵营的人，妖精则是改头换面混迹人间的野兽。

正因为妖怪总是以迷人的伪装游走世间，所以教人如何透过伪装辨识妖怪就是所有以降妖除怪为职业的道士们的看家本领。著名的晋代道士葛洪在《抱朴子》一书中专门有一篇《登涉》，详细介绍了深山中各种妖怪的伪装手段，供进山采药、修炼、隐居的道士做识别妖怪之用。他说，如果你在山中听到大树突然说人话，不要害怕，那其实并非树在说话，而是树中住着一个叫云阳的妖怪，你喊几声"云阳"，就没事了；看见有大蛇拦路，蛇戴着帽子，也不要惊恐，蛇怪的名字叫升卿，叫它的名字，它就会走开；进山遇到陌生人，要小心，不能随便搭讪，自称虞吏的，是老虎精；自称当路君的，是狼精；自称令长的，是老狐狸精；自称丈人的，是兔子精；自称东王父的，是麋精；自称西王母的，是鹿精，诸如此类，皆非良善之辈。一旦遇到妖怪，只要能当场叫出它的名字，就能让它显出真相，它就不能害人了。葛洪还教人一个用铜镜识破妖精真相的办法，他说古时候的道士进山的时候，都会在背上佩戴一面铜镜，作为照妖镜。若是遇到真正的神仙，其在镜中的影子不会变，若是遇到山中鸟兽邪魅变作人形，它们就会在镜子中暴露原形。叫出妖精的名字，或者用铜镜洞察鬼魅的原形，都是为了揭露妖怪的伪装。让妖怪暴露真相，就是让事物重归被妖怪破坏了的同一性。

所以，妖怪、妖精的本质，就是对事物固有的同一性的破坏，对名与实、外形与属性的同一性的消解。妖怪是美好与丑陋、平常与怪异的合体，因为平常的外表令人丧失警惕，美丽的外表更会迷惑人心，但终有一天，平常、美丽外表下藏匿的怪异、丑陋的真相会暴露出来，令人恐惧莫名，甚至给人带来厄运。换一句话说，妖怪是美与丑、常与怪这对立的两极有悖常理的"同一"，这种"同一"恰恰违背了事物固有的同一性，因此迟早会暴露。狐狸精在脱去裙子后露出尾巴，蛇精在喝下雄黄酒后现出原形，白骨精在齐天大圣的火眼金睛下无所遁形……建立在伪装之上的世界顷刻土崩瓦解。

归根到底，妖怪就是世界平滑表面上突然出现的裂痕，是分类体系中无法归类的异类，是正常秩序中无法安顿的反常，是在不该出现的地方突然临场的异物，而这种突如其来的反常之物，因为违背天常人伦，往往预示着某种更大的灾变，或者引发恐惧而导致混乱。《左传·宣公十五年》说："天反时为灾，地反物为妖，民反德为乱，乱则妖灾生。""灾""妖""乱"，就是违背天时、地宜和人间常理（德）而出现的反常事物或现象，古人相信这种违背常理的现象会导致天灾人祸的发生，给人间带来灾难。《左传》这段话，把灾、妖、乱相提并论，道出了古人理解中"妖怪"的基本含义，妖就是在不当出现的地方和时间中出现的、悖逆常理、会导致混乱和灾难的反常之物或现象。

我们来看《左传》中几处关于"妖"的记载。鲁庄公十四年（公元前680年），流亡在外的郑国国君郑厉公图谋归国复位，郑国大夫傅瑕与之密谋，杀死当时的国君子婴和他的两个儿子，迎接郑厉公回郑国。这时候，郑国人回忆起来，在六年以前，曾有两条蛇在郑国的南门打斗，一条蛇在门内，一条蛇在门外，最后在门外的蛇打败了门内的蛇。郑厉公归国事件发生后，郑国人将六年前两蛇相斗这一反常现象视为郑厉公与子婴内外相争而子婴被杀的预兆，称之为"妖"。还有一次，鲁昭公十年（公元前532年）正月，在婺女星附近突然出现了一颗从来没有出现过的新星，这颗星事出反常，因此被视为"妖星"，郑国的占星家裨灶断定这颗妖星的出现预示着晋国的国君不久将会死亡。

两条蛇斗于城门之中、新星突然出现在夜空中的某个地方，这些都是有悖常理的反常现象，且与灾祸相关，因此都被视为"妖"。可以这么说，只有"引发"灾祸的异象才会被视为"妖"。"妖"是一个超出同一性限制而由"此"指向"彼"的象征或符号，正如后世的妖怪观念中，只有能够突破同一性身份限制而由狐狸变成人、由"此物"变成"彼物"的事物才是妖精一样。可见，在《左传》这种早期的妖怪观念中，已经蕴含着后世妖精观念的萌芽。早期妖怪观念中由此及彼的非同一性结构，在后世的妖精观，具体化为妖物变形化身的变形行为。同一性意味着秩序和安宁，而反同一性、变形化身则意味着混乱和灾祸。

《左传》的记载所呈现的妖怪观尽管足够古老，但还不是先民们妖怪观念的本来面目。《左传》中的这些怪异记载，都是经由史官基于一定的政治背景或政治诉求进行剪辑和解释的产物，无不被赋予强烈的政治象征意味，因此可以称之为"政治妖怪学"。并不是所有妖怪都是"讲政治"的。平民百姓在日常生活中遭遇的妖怪，那些他们在林野荒村突然遭遇的陌生生灵、从夜色深处传来的莫名其妙的声响、在眼前倏忽隐现的黑影、在梦境里不期而至的亡灵……诸如此类的异象或异物，常被认为是疾病、瘟疫、天灾、战乱等的预兆,那才是人们日常遭逢的"妖怪"。它们时常给理性带来困惑,给精神带来震颤,甚至变为"妖言"随风流传,将惊恐的阴影到处散播。此种基于日常生活经验的妖怪体验,在《春秋》《左传》这种官修史书中很难得到本色的反映。

《山海经》一书恰恰弥补了这方面的缺憾。在《山经》记录的众多动物中,有一些动物特别引人注目,这些动物只要一出现,就会引发大旱、大疫、战争等天灾人祸。例如《南山经》中的长右之兽,"见则郡县大水";颙鸟,"见则天下大旱";《中山经》中的跂踵之鸟,"见则其国大疫";雍和之兽,"见则国有大恐"。此种一旦出现("见则")即导致洪水、大旱、瘟疫或引起百姓惊恐的鸟兽,与《左传》中能够预兆君位之争或国君之死的蛇和妖星,以及后世志怪小说中那些能够呼风唤雨、一出现就飞沙走石的妖怪一样,都具有远超出普通动物的灵异力量,显然可以归于妖怪之列。《山经》一书基于对民间博物知识和传统知识的实地考察,成书在战国之前,因此书中所反映的知识、观念和话语尚未遭到战国时期兴起的玄学思想的"玷污",保持了本真的乡土知识的特色。透过这些记载,我们可以回到妖怪们最初的诞生之地,真切地了解妖怪的发生机制,看看在古人心目中,这些兴风作浪、兴妖作怪的"妖怪",究竟长什么样子,它们又是如何从原本平凡无奇之物变成令人闻风丧胆的妖怪的。

此类具有灵异力量的动物,几乎见于《山经》的每一篇。《南山经》中,除了上面提到的见则大水的长右之兽、见则大旱的颙鸟,还有见则当地大兴土木的狸力之兽、见则当地有人流放异乡的鸱鸟以及见则大旱的鱄鱼。《西山经》中,有见则天下大旱的肥𧔥、鼓鸟,有见则洪灾暴发的蛮蛮之鸟和胜遇之鸟,有见则爆发战争的凫徯之鸟、朱厌之兽、钦䲹之鸟和一种长相如牛、长着八尾、两头的无名之兽,还有一种见则引发火灾的独脚之鸟毕方。《北山经》中,有见则大旱的两头蛇肥遗,有一种赤首白身的大蛇,有一种野兽叫山𪄀,犬身人面,见到人会笑,行走迅捷如风,它一出现就会刮大风,还有一种长相像蛇一样的鸟,名叫酸与,四翼六目三足,此鸟一出现就会在当地引起巨大的恐惧。《东山经》中有三种引起大旱的鱼,即鳙鳙之鱼、薄鱼、鲭鱼,另外,还有蚩鼠之鸟、獭獭之兽,一旦出现也会引起天下大旱,𬴐𬴐、合窳两种野兽会引发洪水,狪狪会引起蝗灾,絜钩之鸟能引起瘟疫,太山上有一种名叫𧑒的瘟神,长相如牛,一目而蛇尾,它不仅会散布瘟疫,它经过的河流会干涸,经过的草木会枯萎。《中山经》的鸣蛇、化蛇、夫诸、狍狼、跂踵、雍和、狱、狙如、狢即、梁渠、闻獜等，也是一些见则大旱、大水、大疫、大风乃至引发火灾和战争的鸟兽。一种野兽或鸟的出现，居然能够引起政治秩序和人类行为的变动，由此也不难发现后世"天人感应"之类政治妖怪学说的滥觞。

这些一出现就会引发天灾人祸的鸟、兽、蛇、鱼，在《山经》中一共记载了四十多种。此外，《山经》中还记载了几种会给天下带来和平安宁或者大丰收的动物：五彩的凤凰、鸾鸟见则天下安宁，文鳐鱼、狡、当康见则天下粮食大丰收。它们虽然不像预示灾祸的鸟兽那样令人可怕，但显然也具有超出一般动物天性的超能力，因此也应归于妖怪之列，只不过它们是好的妖怪，预兆吉祥的妖怪。汉代以后各个朝代的官员，热衷于向朝廷奏报各地出现的祥瑞现象，也算是"政治妖怪学"行为。

世上安有此等具有呼风唤雨、制造瘟疫和战争，抑或是带来祥瑞的鸟兽？但《山经》中对这些动物绘声绘色、细致入微的刻画，又足以表明它们是古人亲眼目睹、真实存在之物，而并非凭空杜撰。那么，是一种什么语境、际遇或者机缘，让古人相信这些鸟兽的出现会导致洪水、干旱、瘟疫、战争呢？也就是说，这些鸟兽是如何成为古人心目中的妖怪的？

# 给妖怪拉清单

如果我们只是孤立地看《山经》中各条灵异动物的记载，无疑会将这些动物视为可怕的妖怪。比如《中山经》记载的丰山之中有一种野兽，其状如同长臂猿，全身是黄色，瞪着血红的双眼，长着血红的大嘴。书中说此兽一出现，"国有大恐"，整个国家就会被笼罩在恐惧之中，而一个如此令人恐惧的怪兽，却偏偏叫"雍和"，听名字像是一个给世界带来和平的吉祥物，越发给它增添了诡异色彩。

突如其来的现象、偶然出现的陌生之物会让人恐惧，而按部就班、有规律性的东西，却让人心安。突然遇到一个妖怪，会很吓人，但是，如果妖怪经常出现，或者成群结队出现，你就会发现妖怪们尽管长得千奇百怪，但其"人设"和行为方式其实都差不多，也就见怪不怪、其怪自败了。妖怪，归根到底就是反常之物，没有规律性可言，但是，一旦你发现了妖怪的规律性，妖怪也就无怪可言了。要发现规律性，最简单的方法就是归纳法，把同类的现象或事物都摆出来，拉一个清单，通过对比、分析，看看它们有什么共同性、相似性。妖怪怕拉清单，跟隐姓埋名的奸细害怕警察查户籍，是一个道理。

古人其实早就已经深知这个道理，因此很早就给妖怪拉清单、造户籍了。1975年，在湖北省云梦县一个叫睡虎地的地方，发现了一座秦代古墓。考古学者从墓中挖出一千多支写着文字的竹简，竹简内容大部分是秦代的法律条文，不过其中有一篇《日书》简，主要内容是根据日期、时辰、方位判断出行、动土、嫁娶、做官、丧葬等事宜的吉凶。

《日书》中有一篇叫《诘咎》，记录了数十种经常在人的家宅中出没、祸害人间的魑魅魍魉，比如无缘无故攻击人的刺鬼、喜欢戏弄人的诱鬼、给全家人带来瘟疫的棘鬼、伪装成犬进入闺房调戏人家女子的神狗鬼、大暑天令室内寒气逼人的幼龙、让女子无缘无故就唱起悲歌的阳鬼等。其所谓"鬼"，就是各种妖怪。简文一一说明了这些妖怪的名字、征兆、祸害，尤其是说明了驱逐、杀死鬼怪的办法，这篇《诘咎》，其实就是一份记录当地各种妖怪的清单。

简文中有些记载很有意思，其中有好几种骚扰人家闺房的好色之鬼，比如：

> 女子不狂痴，歌以生商，是阳鬼乐从之。以北乡□之辨二七，燔，以灰□食食之，鬼去。

女孩子平时不疯也不傻，无缘无故地唱起哀伤幽怨的歌，这是被喜欢上她的阳鬼附体了。要治此鬼，家人从北墙上摘十四片花瓣，烧成灰，让姑娘混在食物里吃掉，鬼就会离开姑娘的身体，不再来骚扰她。

又如：

> 鬼恒从人女，与居，曰："上帝子下游。"欲去，自浴以犬矢，系以苇，则死矣。

有鬼经常缠着人家女儿，形影不离，睡觉时都跟她在一起，还自报家门说："我是上帝的儿子，来到人间游玩。"要想赶走这个鬼，要用狗屎泡水给女孩子洗澡，并且在身上系一根芦苇，那鬼就一命呜呼了。妖怪装成上帝的儿子骚扰女孩子，当然是因为女孩子美好可爱，女孩子弄得一身狗屎味，妖怪也要退避三舍。

还有：

鬼恒谓人："予我而女。"不可辞，是上神下娶妻。系以苇，则死矣。弗御，五来，女子死矣。

这种好色之鬼，一旦看上人家女儿，总是缠着人恳求："把你家姑娘送给我当媳妇吧，把你家姑娘送给我当媳妇吧！"这家的父母无论如何推托，鬼都缠着人不肯离去，这其实是天上的神来到人间找媳妇。治这种鬼的办法，也是让姑娘在身上系一根芦苇，这个鬼就会呜呼哀哉。如果不及时治他，这个鬼会不断登门拜访，来过五次之后，女孩子就没命了，也就是被鬼勾走当媳妇了。古人相信芦苇可以辟邪，所以过年时要在门上系苇索，即用芦苇编织的绳子，日本至今还有用稻草编成的注连绳辟邪驱鬼的习俗，注连绳就近似于中国的苇索。

这几条记载已经初具志怪故事的雏形，但又有着浓郁的乡土气息，显然是当时民间流传的妖怪故事，想必有切身经历为基础，而不会是文人的向壁虚构。这些故事如果传到蒲松龄、袁枚耳朵里，肯定会被他们添油加醋一番，演绎成哀艳动人的故事。但秦代人记录这些遇鬼案例，却不是单纯为了讲故事，而是为了给百姓除妖治鬼提供指南。

这篇竹简的开头一句说："鬼害民妄行，为民不祥，告如诘之，召，导令民毋罹凶殃。"妖怪鬼魅恣意妄行，祸害百姓，故官府将各种鬼魅害人的状况昭告天下，令百姓周知，以免受到恶鬼的祸害。可见，这份"录鬼簿"是有实际用途的，旨在将鬼的名称、行为和危害以及惩治它们的办法布告天下，以利于百姓消灾避害。出土这些竹简的古墓的墓主名叫"喜"，是秦代的一位地方治安官。墓中出土的一篇《封诊式》简文，说的是调查案件、勘验现场、审讯案件等方面的方法和规定，说明墓主生前的主要职务就是侦查、捉拿、审判罪犯，相当于现在的"片儿警"。在这位"片儿警"的墓中除了殉葬记录捉拿罪犯法条的简文，还殉葬了《诘咎》这样的妖怪名录，说明古代的地方治安官不仅管捉贼，还管治鬼，贼和鬼，都是影响地方安宁的祸害，捉贼和治鬼，也都离不开明辨是非真伪的洞察力。

降妖除怪，在上古时期是地方治安官的兼职，到了后来，有了专门负责替人间降妖除怪的道士，历代的道士们肯定都有像《诘咎》这样的妖怪名录，此类妖怪名录大概只是在道士行当内秘传，外行人鲜有所知。上面谈到晋代道士葛洪的《抱朴子·登涉》，就是一份当时的山中妖怪名录。葛洪在篇中提到，有人问他辟山川庙堂百鬼之法，他说，除了佩戴道符之外，还需熟读《百鬼录》《白泽图》《九鼎记》等书，了解天下鬼怪的姓名，百鬼自然回避。《百鬼录》《白泽图》《九鼎记》大概都是当时流行的妖怪名录，《百鬼录》《九鼎记》久已散失，已不可考。根据《左传·宣公三年》记载，夏代的时候，天子令各地诸侯将当地山林川泽之中隐匿的各种魑魅魍魉用图像画出来，上报朝廷，朝廷用九州进贡的青铜，铸造九座铜鼎，将各地呈报的魑魅魍魉图像铸在鼎上，布告天下，晓之于众，如此一来，老百姓进入山林川泽，砍柴打猎，就不会遭遇不测了。《九鼎记》一书，大概就是依托这个故事而来。

传说黄帝巡守四方时，在海边得到一只会说人话的神兽，名叫白泽。白泽通晓世间一切鬼神妖精的秘密，黄帝向它请教天下鬼神之事，白泽一五一十向黄帝报告，共提到一万多种鬼神妖精。黄帝命人把白泽的报告记下来，就是《白泽图》这本书。这当然只是道士们编的故事。《白泽图》曾著录于《隋书·经籍志》，说明唐代还有这部书，但其书今已不存，《太平御览·妖异部》存数十条，敦煌遗书中有《白泽精怪图》，与传世《白泽图》佚文或异。《白泽图》称"图"，说明其书原本有图，敦煌《白泽精怪图》就有部分条目配有插图。把妖怪的长相画出来，更方便降妖除鬼者按图索骥，缉拿妖魅，就像缉拿凶犯的通缉令往往配有凶犯的照片一样。《白泽图》今存数十条，可以看出其记述体例，依次记述精怪的名称、状貌、居处、习性以及劾制的方法，跟睡虎地秦简《诘咎》篇的记述体例颇为相像。比如：

> 故涸之精名曰卑，状如美女，而持镜，呼之使人知愧。

茅厕精长得像美女，名叫卑，拿着镜子叫她的名字，她就会羞愧难当，遮面而遁。

> 故井之精，状如美女，好吹箫。以其名呼之即去。

古井、枯泉的妖长得也像美女，喜欢吹箫，喊她的名字，她就会离开。

> 左右有石，水生其间，水出流千岁不绝，其精名曰喜。状如小儿，黑色。以名呼之，可使取饮食。

石间泉水，年长日久，千岁不绝，其中有水精居住，名字叫喜，长得像一个黑小孩，知道了他的名字，就可以使唤他取来各种美味佳肴。

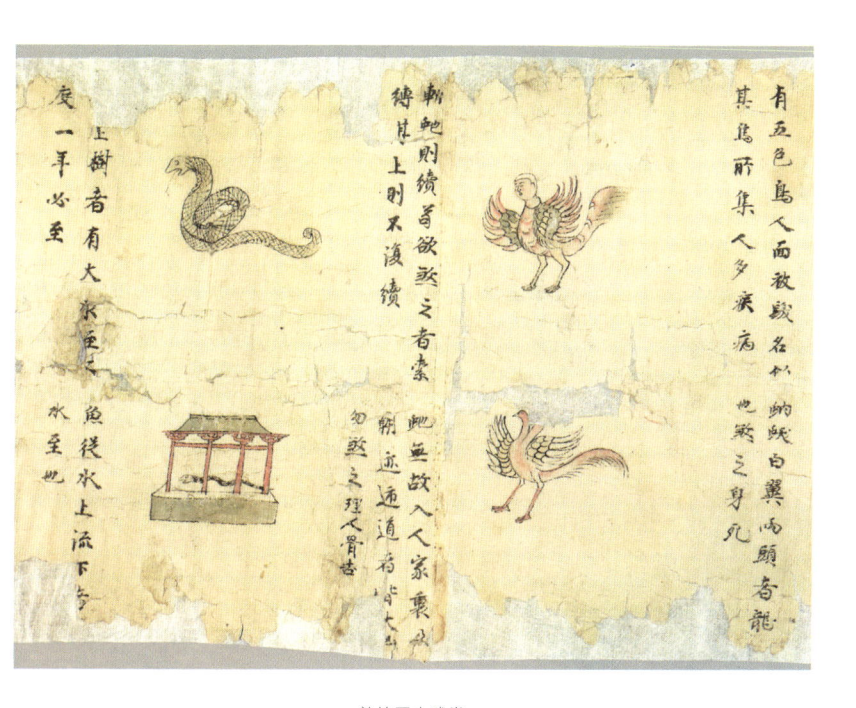

敦煌写本残卷

图12 《白泽精怪图》

> 木之精名彭侯，状如黑狗，无尾，可烹之食之。

树精名彭侯，状如黑狗却无尾，也可以煮了吃肉。

> 千载木，其中有虫，名曰贾诎，状如豚，食之如狗肉味。

千载老树的精叫贾诎，长得像小猪，吃起来却有狗肉的味道。

总之，妖精虽可怕且善于变化，但只要熟读《白泽图》，掌握了妖怪的秘密，就不仅可以避免遭其祸害，而且可以使唤它们，甚至可以烹而食之。

《山经》里的那些灵鸟妖兽，一露面就洪水暴发、天下大旱，乍看实在可怕，但我们不妨用《白泽图》的办法，把散居于《山经》群山之中的妖怪们召集在一起，给它们拉一个清单。我们会发现，一旦拉出清单，找出它们的行动规律，这些妖怪的本来面目就会立刻真相大白。

《山经》全书记载的一旦出现就会引起大水、大旱、大兵、大疫或者大丰收、天下和平安宁之类的动物共 51 种，其记述体例大同小异。我们可以按照这些动物的所在地、名称、长相和引发的灾异，给《山经》

的妖怪列一个清单：

| 篇目 | 序号 | 山名 | 名称 | 长相 | 见则…… |
|---|---|---|---|---|---|
| 南次二经 | 1 | 柜山 | 狸力 | 有兽焉，其状如豚，有距，其音如狗吠 | 见则其县多土功 |
| 南次二经 | 2 | 柜山 | 鴸 | 有鸟焉，其状如鸱而人手，其音如痹 | 见则其县多放士 |
| 南次二经 | 3 | 长右之山 | 长右 | 有兽焉，其状如禺而四耳 | 见则郡县大水 |
| 南次二经 | 4 | 尧光之山 | 猾褢 | 有兽焉，其状如人而彘鬣，穴居而冬蛰 | 见则县有大繇 |
| 南次三经 | 5 | 丹穴之山 | 凤皇 | 有鸟焉，其状如鸡，五采而文 | 见则天下安宁 |
| 南次三经 | 6 | 鸡山 | 鱄鱼 | 其状如鲋而彘毛 | 见则天下大旱 |
| 南次三经 | 7 | 令丘之山 | 颙 | 有鸟焉，其状如枭，人面四目而有耳 | 见则天下大旱 |
| 西次一经 | 8 | 太华之山 | 肥𧓿 | 有蛇焉，六足四翼 | 见则天下大旱 |
| 西次二经 | 9 | 女床之山 | 鸾鸟 | 有鸟焉，其状如翟而五彩文 | 见则天下安宁 |
| 西次二经 | 10 | 鹿台之山 | 凫徯 | 有鸟焉，其状如雄鸡而人面 | 见则有兵 |
| 西次二经 | 11 | 小次之山 | 朱厌 | 有兽焉，其状如猿，而白首赤足 | 见则大兵 |

续表

| 篇目 | 序号 | 山名 | 名称 | 长相 | 见则…… |
|---|---|---|---|---|---|
| 西次三经 | 12 | 崇吾之山 | 蛮蛮 | 有鸟焉,其状如凫,而一翼一目,相得乃飞 | 见则天下大水 |
| | 13 | 钟山 | 钦䲹 | 化为大鹗,其状如雕而黑文白首,赤喙而虎爪,其音如晨鹄 | 见则有大兵 |
| | 14 | 钟山 | 鼓 | 化为鵕鸟,其状如鸱,赤足而直喙,黄文而白首,其音如鹄 | 见则其邑大旱 |
| | 15 | 泰器之山 | 文鳐鱼 | 状如鲤鱼,鱼身而鸟翼,苍文而白首、赤喙 | 见则天下大穰 |
| | 16 | 槐江之山 | | 有天神焉,其状如牛,而八足二首马尾,其音如勃皇 | 见则其邑有兵 |
| | 17 | 玉山 | 狡 | 有兽焉,其状如犬而豹文,其角如牛,其音如犬吠 | 见则其国大穰 |
| | 18 | 玉山 | 胜遇 | 有鸟焉,其状如翟而赤,是食鱼,其音如录 | 见则其国大水 |
| | 19 | 章莪之山 | 毕方 | 有鸟焉,其状如鹤,一足,赤文青质而白喙 | 见则其邑有讹火 |

092 《山海经》的世界

续表

| 篇目 | 序号 | 山名 | 名称 | 长相 | 见则…… |
|---|---|---|---|---|---|
| 西次四经 | 20 | 邽山 | 蠃鱼❶ | 鱼身而鸟翼,音如鸳鸯 | 见则其邑大水 |
| 西次四经 | 21 | 崦嵫之山 | [设]❷ | 有鸟焉,其状如鸮而人面,蜼身犬尾,其名自号也 | 见则其邑大旱 |
| 北次一经 | 22 | 狱法之山 | 山𪊨 | 有兽焉,其状如犬而人面,善投,见人则笑,其行如风 | 见则天下大风 |
| 北次一经 | 23 | 浑夕之山 | 肥遗 | 有蛇一首两身 | 见则其国大旱 |
| 北次三经 | 24 | 景山 | 酸与 | 有鸟焉,其状如蛇,而四翼、六目、三足 | 见则其邑有恐 |
| 北次三经 | 25 | 毋逢之山 |  | 有大蛇,赤首白身,其音如牛 | 见则其邑大旱 |
| 东次一经 | 26 | 枸状之山 | 蛩鼠 | 有鸟焉,其状如鸡而鼠毛 | 见则其邑大旱 |
| 东次一经 | 27 | 豺山 |  | 有兽焉,其状如夸父而彘毛 | 见则天下大水 |
| 东次一经 | 28 | 独山 | 䱺䗤 | 其状如黄蛇,鱼翼,出入有光 | 见则其邑大旱 |

❶ 蠃鱼,宋本作"蠃鱼",郭璞注云:"音螺。"则字当作"蠃"。
❷ 今本未言此鸟之名,当系脱落。"其名自号也"下郭璞注云:"或作'设','设'亦呼耳。疑此脱误。""设"无呼义,疑郭璞所见或本有此鸟之名,其名作"设",故权且以"设"名此鸟。

续表

| 篇目 | 序号 | 山名 | 名称 | 长相 | 见则…… |
|---|---|---|---|---|---|
| 东次二经 | 29 | 空桑之山 | 軨軨 | 有兽焉，其状如牛而虎文，其音如钦 | 见则天下大水 |
| | 30 | 餘峨之山 | 犰狳 | 有兽焉，其状如菟而鸟喙，鸱目蛇尾，见人则眠 | 见则螽蝗为败 |
| | 31 | 耿山 | 朱獳 | 有兽焉，其状如狐而鱼翼 | 见则其国有恐 |
| | 32 | 卢其之山 | 鹓鹏 | 其状如鸳鸯而人足 | 见则其国多土功 |
| | 33 | 姑逢之山 | 獙獙 | 有兽焉，其状如狐而有翼，其音如鸿雁 | 见则天下大旱 |
| | 34 | 硾山 | 峳峳 | 有兽焉，其状如马而羊目，四角、牛尾，其音如獆狗 | 见则其国多狡客 |
| | 35 | 硾山 | 絜钩 | 有鸟焉，其状如凫而鼠尾，善登木 | 见则其国多疫 |
| 东次四经 | 36 | 女烝之山 | 薄鱼 | 其状如鳣鱼而一目，其音如欧 | 见则天下大旱 |
| | 37 | 钦山 | 当康 | 有兽焉，其状如豚而有牙 | 见则天下大穰 |
| | 38 | 子桐之山 | 䱉鱼 | 其状如鱼而鸟翼，出入有光，其音如鸳鸯 | 见则天下大旱 |
| | 39 | 剡山 | 合窳 | 有兽焉，其状如彘而人面，黄身而赤尾，其音如婴儿 | 见则天下大水 |
| | 40 | 太山 | 蜚 | 有兽焉，其状如牛而白首，一目而蛇尾 | 见则天下大疫 |

094 《山海经》的世界

续表

| 篇目 | 序号 | 山名 | 名称 | 长相 | 见则…… |
|---|---|---|---|---|---|
| 中次二经 | 41 | 鲜山 | 鸣蛇 | 其状如蛇而四翼,其音如磬 | 见则其邑大旱 |
| | 42 | 阳山 | 化蛇 | 其状如人面而豺身,鸟翼而蛇行,音如叱呼 | 见则其邑大水 |
| 中次三经 | 43 | 敖岸之山 | 夫诸 | 有兽焉,其状如白鹿而四角 | 见则其邑大水 |
| 中次九经 | 44 | 蛇山 | 狪狼 | 有兽焉,其状如狐,而白尾长耳 | 见则国内有兵 |
| 中次十经 | 45 | 复州之山 | 跂踵 | 有鸟焉,其状如鸮,而一足彘尾 | 见则其国大疫 |
| 中次十一经 | 46 | 丰山 | 雍和 | 有兽焉,其状如猨,赤目、赤喙、黄身 | 见则国有大恐 |
| | 47 | 乐马之山 | 㺎 | 有兽焉,其状如汇,赤如丹火 | 见则其国大疫 |
| | 48 | 倚帝之山 | 狙如 | 有兽焉,其状如鼣鼠,白耳白喙 | 见则其国有大兵 |
| | 49 | 鲜山 | 狻即 | 有兽焉,其状如膜犬,赤喙、赤目、白尾 | 见则其邑有火 |
| | 50 | 历石之山 | 梁渠 | 有兽焉,其状如狸,而白首虎爪 | 见则其国有大兵 |
| | 51 | 几山 | 闻獜 | 有兽焉,其状如彘,黄身、白头、白尾 | 见则天下大风 |

由此表可见,《山经》关于这些灵异动物的记载体例几乎一以贯之,无非是说"某某山,有某某动物,其状如何如何,其名曰某,见则有何灾祸",依次说明该动物的所在、长相、名字以及由其引发的灾祸,与《白泽图》的记述体例颇有相通之处。

这一记述体例中,关键是"见则"一语。每一条记载中都有此语,正是此语将一种动物与某种灾祸联系起来,将两种在科学意义上毫不相干的事物和现象捏合到了一起,赋予某种动物以某种为普通动物所不具有的灵异效应,从而打破了自然秩序固有的同一性,将一种动物变成了妖怪。简言之,正是"见则"一语造就了《山经》的妖怪,这两个字也是理解《山经》妖怪的关键所在。

"见",读作"现",出现的意思,说某某鸟兽"见则"天下大旱、大水、大风、大疫、大兵,意为此种鸟兽一旦出现,就会发生此类天灾人祸。绝大多数人会把这个叙述理解为"某某鸟兽导致了灾祸",所以它们被当成了妖怪,就像《西游记》《封神榜》中一登场就会日月晦冥、天昏地暗、狂风大作、飞沙走石的妖怪一样。最早注释《山海经》的晋代学者郭璞就是如此理解这些记载的。郭璞在注释《山海经》的同时,写了一部《山海经图赞》,一一为《山海经》中的奇花异草、奇鸟异兽作赞，尤其对书中的灵异鸟兽津津乐道。《南次三经》说颙鸟、鱄鱼"见则天下大旱"，郭璞《山海经图赞》说："颙鸟栖林，鱄鱼处渊。俱为旱征，灾延普天。测之无象，厥类惟玄。"在郭璞看来，颙鸟、鱄鱼见则天下大旱，是由于两者跟干旱之间存在着某种神秘的联系；《中次十一经》说梁渠之兽"见则其国有大兵"，狼即之兽"见则其邑有火"，郭璞《图赞》说："梁渠致兵，狼即起灾。"在他看来，《山经》这些记载的意思就是说战乱是由梁渠引起的，火灾是由狼即引起的。现代读者尽管不会像郭璞那样相信某种鸟兽的出现可以直接导致天灾，但却依然像郭璞一样理解《山经》的此类记载，认为这些记载说明古人相信某种动物会引起洪水、干旱、瘟疫、战争等天灾人祸。唯其如此，这些动物才会被认为具有神秘的力量，才会被视为妖怪。

其实，可能是我们自己想多了。若心中没有预先存有妖怪的观念，而是以平常之心理解《山经》这些某某动物"见则"大旱、大水、大疫的记述，其字面意思不过是说，某种动物出现时会有洪涝、瘟疫之类灾害——这些记载仅仅意味着动物的行为跟自然灾害之间存在着相关性，并不意味着某种动物的出现与自然灾害之间的因果性。例如，说颙鸟、鱄鱼"见则"

天下大旱，不过意味着天气干旱时颙鸟、鱄鱼会大量出现，而并非说颙鸟、鱄鱼的出现引发了干旱；说梁渠"见则其国有大兵"，不过意味着战乱爆发时，原本难得一见的梁渠之兽会出现，而非梁渠的出现导致了两国交兵……

也就是说，《山经》中此类灵异动物记载，原本并没有什么神秘性。干旱、洪涝、大风、地震等自然灾害会对自然环境、生态和动物行为造成巨大影响，瘟疫、战争、大兴土木，虽然不会直接影响动物行为，却会影响人类行为，从而间接影响自然环境和动物行为。因此，动物行为就成为反映天灾人祸的晴雨表，可被作为预示天灾人祸的征兆。这反映的不过是众所周知的预兆观念。古代生产力低下，自然灾害频发，人类对于天灾人祸缺乏抵御能力，因此必定十分注意灾难的预测，自然会注意到灾害发生时的动物异常行为，并将它作为预报灾难发生的征兆。古代山林未辟，鸟兽众多，鸟兽就栖息在人类家园附近的林薮丛莽之中，每当自然灾害发生时，受生存环境变化的影响，某些平时难得一见的动物会突然出现，甚至大量聚集，《山经》所谓的某某动物"见则"大水、大旱、大风、大疫、大兵之类的记载，其实就是说的此种现象。

其实，直到现在在民间流传的一些气象、农事谚语中，仍有大量此类预兆知识，诸如"泥鳅跳，风雨到""燕子低飞蛇过道，蚂蚁搬家山戴帽（即将阴天下雨）""喜鹊搭窝高，当年雨水涝"之类的谚语，与《山经》所谓长右"见则郡县大水"、鱄鱼"见则天下大旱"之类的记载，都是以某种动物的出现、迁徙、聚集等反常行为，预报天气的变化。

自然灾害中，最令人恐惧的非地震莫属。对于自然环境和动物行为影响最为直接的，也非地震莫属，因此，古今中外都注重对地震发生时动物反常行为的观察。1976年唐山大地震后，即有关于地震预兆的顺口溜风行一时，即：

> 震前动物有预兆，群测群防很重要。
> 牛羊骡马不进厩，猪不吃食狗乱咬。
> 鸭不下水岸上闹，鸡飞上树高声叫。
> 冰天雪地蛇出洞，大鼠叼着小鼠跑。
> 兔子竖耳蹦又撞，鱼跃水面惶惶跳。
> 蜜蜂群迁闹哄哄，鸽子惊飞不回巢。
> 家家户户都观察，发现异常快报告。

明白了这个道理，就知道《山经》中那些被视为灵异的动物，根本没有灵异可言，"某某动物见则如何如何"，说的不过是古人朴素的灾害征兆知识，并非意味着古人相信动物与自然之间存在神秘的感应或因果关系，相信鸟、兽的行为会直接导致洪水泛滥、天气大旱、瘟疫流行或战争爆发。这就好比说"雄鸡一唱天下白"，谁也不会认为太阳是被公鸡叫出来的。如果不了解朕兆的常识，将相关关系理解为因果关系，将统计学意义上的关联理解为必然性联系，认为太阳升起是公鸡叫出来的，猴子跑出森林会引发洪水，蜥蜴搬家会引起干旱，猫头鹰夜叫会引起瘟疫，那就距离把公鸡、猴子、蜥蜴、猫头鹰变成妖怪只有一步之遥了。

其实，这个道理，战国末期的思想家荀子就已经说得很明白了。《荀子·天论》的宗旨就是要说明自然运行有其客观规律，不以人的意志为转移，"天行有常，不为尧存，不为桀亡"，风雨水旱也是自然现象，与妖怪无关。流星坠地，树木无缘无故发出奇怪的声音，往往会引起世人巨大的恐慌。在荀子看来，这些都是自然现象，因为不常发生，所以让人觉得奇怪。感到奇怪可以理解，视之为妖怪进而惶惶不可终日，则大可不必。古人每逢天气大旱，会让巫师作法求雨，最终果然能求来甘霖，荀子认为，那只不过是天到了该下雨的时候而已，一般愚民却认为雨是巫师向天老爷或雨神求来的。相信巫师能求天下雨，跟相信鸟兽能导致洪水、干旱、瘟疫一样，都是因为对自然规律无知导致的迷信心理，正是这种心理将自然现象变成了灵异事件。

《三国演义》写赤壁之战前诸葛亮登坛作法借东风，若历史上果有其事，那也是诸葛亮博闻强识，熟悉天气变化，根据当时的季节、天气情况判断即将起东风，登坛作法不过是装神弄鬼而已。诸葛亮借东风成功，因为他了解某些征兆与刮风之间的相关性，他的所作所为无异于气象学家，如果真相信东风是诸葛亮作法借来的，那就无异于把孔明先生视为妖怪了。

# 妖怪的背后是科学

无论中外，朕兆知识都是古代博物学的重要组成部分。《山经》记录这些朕兆知识，肯定不是其作者的凭空杜撰，而是基于《山经》作者对乡土知识的调查，是上古先民长期防灾救灾经验的结晶，因此必定有一定的经验依据和科学道理。

上面的列表表明，《山经》中记载最多的是"见则"引起"大水"和"大旱"两类灾害的动物，我们不妨以这两类动物为例，分析一下《山经》此类记载的"科学性"。

《山经》中记载的"见则大旱"的动物有十三种：

1. 鱄鱼：其状如鲋而彘毛。
2. 颙：有鸟焉，其状如枭，人面四目而有耳。
3. 肥𧔥：有蛇焉，六足四翼。
4. 䮝鸟：其状如鸥，赤足而直喙，黄文而白首，其音如鹄。
5. ［设］：有鸟焉，其状如鸮而人面，蜼身犬尾。
6. 肥遗：有蛇一首两身。
7. （失名）：有大蛇，赤首白身，其音如牛。
8. 蛰鼠：有鸟焉，其状如鸡而鼠毛。
9. 儵䗩：其状如黄蛇，鱼翼，出入有光。
10. 獙獙：有兽焉，其状如狐而有翼，其音如鸿雁。
11. 薄鱼：其状如鳣鱼而一目，其音如欧。
12. 鳟鱼：其状如鱼而鸟翼，出入有光，其音如鸳鸯。
13. 鸣蛇：其状如蛇而四翼，其音如磬。

其中，兽类一种（獙獙）、鸟类四种（颙、骏鸟、设、蛰鼠）、鱼类三种（鳟鱼、薄鱼、鳟鱼）、蛇类五种（肥䗩、肥遗、大蛇、儵䗩、鸣蛇）。

《山经》中记载的"见则大水"的动物有九种：

1. 长右：有兽焉，其状如禺而四耳。
2. 蛮蛮：有鸟焉，其状如凫，而一翼一目，相得乃飞。
3. 胜遇：有鸟焉，其状如翟而赤，是食鱼。

4. 蠃鱼：鱼身而鸟翼。

5. （失名）：有兽焉，其状如夸父而彘毛。

6. 羬羬：有兽焉，其状如牛而虎文，其音如钦。

7. 合窳：有兽焉，其状如彘而人面，黄身而赤尾。

8. 化蛇：其状如人面而豺身，鸟翼而蛇行。

9. 夫诸：有兽焉，其状如白鹿而四角。

其中，兽类五种（长右、羬羬、合窳、夫诸、化蛇及失名者一种）、鸟类二种（蛮蛮、胜遇），鱼类一种（蠃鱼）。需要说明的是，经文没有说明化蛇的类属，化蛇名为"蛇"，似为蛇类，但经文描述其形态说"其状如人面而豺身，鸟翼而蛇行"，可见其除"蛇行"的习性外，其形态与蛇皆无关系，"豺身"表明它可能是一种体形类似豺的走兽，"蛇行"云云，意为此物如蛇一般逶迤而行，实际上正暗示此物非蛇，若真为蛇，则根本不必着此一语。猫科动物虎、豹在悄然潜行的时候，确像蛇行一样逶迤摇摆，再加上虎、豹身上的花纹如同蛇纹斑驳陆离，于林薄掩映中看去，甚像巨蛇蜿蜒而行，故《水浒传》写武松打虎，把老虎称为"大虫"。

一般而言，种类相近的动物，习性也相近，其生活的环境类似，对环境变化的反应也相似，那么，在《山经》此类记载中，是否能看出同类动物对自然灾害反应的相似性呢？上面的列表中，"见则大旱"的动物，兽类一种，鸟类四种，鱼类三种，蛇类五种，"见则大水"的动物兽类六种、鸟类二种、鱼类一种、无蛇类，列表对照如下：

|  | 兽 | 鸟 | 鱼 | 蛇 |
| --- | --- | --- | --- | --- |
| 见则大旱 | 1 | 4 | 3 | 5 |
| 见则大水 | 6 | 2 | 1 |  |

可见，"见则大旱"者多蛇类，也不乏鸟、鱼两类，而兽却仅一种。相反，"见则大水"者中，蛇类却无一见，鸟、鱼类也相对罕见，而兽类则独多，达六种。尤其值得注意的是，蛇类和兽类在水、旱两种状况下的"见"与"不见"形成鲜明对照：蛇类多见于大旱，而不见于水灾；兽类多见于水灾，而罕见于大旱。——水、旱不相容，喜水者必恶旱，反之，喜旱者必恶水，"大旱"则蛇类多见，说明蛇类多见与干旱环境正相关，那么，蛇类在洪涝环境下必罕见，故《山经》"见则大水"的动物中，蛇类无一见，从反面证明了"蛇见"与"大旱"是正相关的；同样，兽类大水时多见，

暗示兽类多见与洪涝环境正相关，那么，兽类在干旱环境下必罕见，故《山经》"见则大旱"的动物中，兽类仅一见，同样从反面证明了"兽见"与"大水"之正相关。

通过这番比较分析，足以证明《山经》的朕兆记载确实是基于对自然灾害发生时动物异常行为的观察，而非胡编乱造。

如果分析一下《山经》中"见则"大水、大旱的动物物种，更能看出此种朕兆知识确有科学根据，源于实际观察。"见则大旱"的蛇类共五种，分别为：

太华之山：有蛇焉，名曰肥蟥，六足四翼，见则天下大旱。(《西山经》)

浑夕之山：有蛇一首两身，名曰肥遗，见则其国大旱。(《北山经》)

毋逢之山：有大蛇，赤首白身，其音如牛，见则其邑大旱。(《北山经》)

独山：多𠑎蟠，其状如黄蛇，鱼翼，出入有光，见则其邑大旱。(《东山经》)

鲜山：多鸣蛇，其状如蛇而四翼，其音如磬，见则其邑大旱。(《中山经》)

肥蠛"六足"，儵蠕"如黄蛇"、鸣蛇"如蛇"，可见它们都不是真正的蛇，而是蜥蜴。蜥蜴与蛇形态、物种俱相近，故古人以蛇通称。肥蠛"四翼"、儵蠕"鱼翼"、鸣蛇"如蛇而四翼"，都长着翅膀，说明它们都是飞蜥，飞蜥身体两侧生有翼膜，可滑翔，其翼膜有似于鱼鳍，故《东山经》说儵蠕"鱼翼"。浑夕之山的一首两身之蛇曰肥遗，当即肥蠛。前面提过，"肥遗""肥蠛"，亦即"委遗""逶迤""委蛇"，同音异字，皆源于蛇爬行时蜿蜒逶迤之貌，蜥蜴亦逶迤而行，故谓之"肥遗"。其实，今天称之为"蜥蜴"，也是由"逶迤"演变而来。可见，《山经》五种"见则大旱"之"蛇"，除毋逢之山的大蛇不能断定为何种蛇类之外，其他四种可能皆为蜥蜴或飞蜥。蜥蜴是冷血动物，喜阳而恶阴，喜旱而恶湿，故沙漠虽不适于动物生存，却为蜥蜴所喜居，干旱时节蜥蜴多见，"见则大旱"，正是源于对此现象的真实观察。

《管子·水地》中提到一个叫"蟡"的精怪，河流干涸之后，原来住在河流中的神会变成"蟡"。它的样子是一个脑袋、两个身子，形状像蛇，身长八尺，古人认为看到这种东西，叫出它的名字，就能随意使唤它，因为它是河中的水精，了解鱼鳖虾蟹的情况，因此可以指使它去捕鱼捉鳖。这个涸泽之精，当即委蛇、蜥蜴之类，天大旱则河川干涸、蜥蜴多见，故蜥蜴被视为涸川之精。《管子》说人如果知道蠾的名字，就可以使唤它为自己捕鱼捉鳖，《白泽图》说千年不涸的泉水中有水精，如果知道水精的名字，就能使唤它给自己取来各种美食，可见此类知识在古代一定是源远流长的。

《韩非子·说林上》也记述了一个水精的故事，说由于沼泽干涸，原来住在沼泽边的蛇要搬家，大蛇跑得快，小蛇走得慢，小蛇跟不上，不想走路，心生一计，对大蛇说："老大呀！你走在前面，我跟在后面，行人一看就知道是蛇在搬家，肯定会打我们，那首先遭殃的肯定是你老人家。不如你背着我赶路，人类从来没见过大蛇背小蛇走路这种事，会把我当成神君，如此一来，就没人敢打我们了。"大蛇一听有道理，遂背起小蛇，一路逶迤而行。路上行人见了，果然以为是神君来了，于是纷纷给它们让路。

小蛇骗大蛇的故事，当然是瞎编的，但这个故事说明古人对泽涸而蛇徙的现象很熟悉。我小时候在乡下老家，还常常听说某某地方出现蛇搬家，成千上万条蛇相互咬着尾巴，前脚跟后脚，一直走了好久才过完，谁也不敢打扰它们。这也许只是流言，但当时我们都是信以为真的。大概因为蛇多以蛙类为食，涸泽则蛇无食，故不得不迁徙，迁徙的时候就容易被人看见。这个故事说人们见了迁徙的大蛇背着小蛇，都以为是神君，也说明蛇类迁徙现象令人惊异，因此很容易被视为灵异现象，而蛇也因此成了精。

先秦学者中，有两位学者最喜欢讲故事，一位是韩非子，另一位是庄子。庄子也讲过一个蛇精的故事。《庄子·达生》说，齐桓公有一次去沼泽打猎，管仲为他驾车，突然有一个鬼怪出现在车旁，桓公看见大惊，问管仲看到啥没有，管仲说啥都没看见。桓公见鬼后，以为不祥，回到宫里，一病不起。有人把消息告诉皇子告敖，告敖进宫求见桓公，桓公问他："世上是不是真有鬼？"告敖说："有啊！泥涂中有鬼叫履，灶中有鬼叫髻，门内的陈土中住着雷霆鬼，东北方低洼的地方住着倍阿、鲑蠪，西北方低洼的地方住着泆阳，水中有鬼叫罔象，丘上有鬼叫峷，山中有鬼叫夔，旷野有鬼叫彷徨，沼泽中有鬼叫委蛇。"桓公忙问："委蛇长什么样子？"告敖说："委蛇的长相，粗如车毂，长如车辕，穿紫衣，戴朱冠，样子长得很吓人。委蛇很讨厌大车的声音，有大车经过时就双手捧着脑袋而直立。委蛇很少出现，很少有人见过它，如果有人见到它，此人会成为天下霸主。"桓公一听，病立刻就好了。

这个隐身泽中的蛇怪委蛇，显然就是蜥蜴，也就是《管子》说的"蟡"，"蟡"与"委蛇"当为一音之转。从《山经》到《管子》，再到《庄子》和《韩非子》，我们可以看到蜥蜴这种司空见惯的爬行类动物，是如何一步步被制造成妖怪的。

再看《山经》记载的"见则大旱"的鸟类，共有四种：

> 令丘之山：有鸟焉，其状如枭，人面四目而有耳，其名曰颙，其鸣自号也，见则天下大旱。(《南山经》)
>
> 钟山：鼓化为鵔鸟，其状如鸱，赤足而直喙，黄文而白首，其音如鹄，见即其邑大旱。(《西山经》)
>
> 崦嵫之山：有鸟焉，其状如鸮而人面，蜼身犬尾，其名自号也，[名曰𪂁]（据郭注补），见则其邑大旱。(《西山经》)
>
> 栒状之山：有鸟焉，其状如鸡而鼠毛，其名曰蛰鼠，见则其邑大旱。(《东山经》)

颙"其状如枭"、鵔鸟"其状如鸱"、𪂁"其状如鸮"。鸱为鹞，鸮为枭，鸱、鸮又常合称鸱鸮，即猫头

明·万历时期刊本《金石昆虫草木状》 文俶 绘

**图13 鸱**

鹰，这三种鸟，其状或如鸮，或如鸱，当即某种鹞鹰或猫头鹰。猫头鹰头大嘴短，头部正面宽大，有似人脸，部分种类有耳状羽毛（有耳羽者今称为"角鸮"），故或谓之"人面"，或谓之"有耳"。

"见则大旱"的四种鸟类中，有三种为鸱、鸮之属，或与鸱、鸮主要以鼠类为食有关。众所周知，天旱则鼠类猖獗，鼠类猖獗则鸱、鸮亦随之增多。《山经》记载"见则"有灾害发生的鸟类共十三种，形似鸮或鸱者，除上述三种外，尚有《南山经》"其状如鸱而人手"的鴸，"见则其县多放士"，《中山经》"其状如鸮而一足彘尾"的跂踵，"见则其国大疫"。在《山经》记载的预兆灾祸的不祥之鸟中，鸱鸮之属占近半数，可见，后世将猫头鹰视为不祥之鸟绝非平白无故。猫头鹰喜欢在夜间活动，夜枭的叫声在万物敛迹、四野俱寂的夜晚显得格外怪异而令人不安，除此之外，一个重要的原因也许与它的出现常常与干旱、瘟疫和死亡有关。

猫头鹰被视为报丧鸟的说法，常见古书记载。鸱鸮，又名鸱鸺、鸺鹠，唐代学者陈藏器《本草拾遗》说：

（鸱鸺）其状似鸱，有角，怪鸟也。夜飞昼伏，入城城空，入室室空，常在一处则无害。若闻其声如笑者，宜速去之。……两目如猫儿，大于鸠鸽，作笑声当有人死。又有鸺鹠，亦是其类。微小而黄，夜能入人家，拾人手爪，知人吉凶。有人获之，嗉中犹有爪甲，故除爪甲者埋之户内，为此也。

此鸟入城死全城，入人家中死全家，俨然是播撒死亡的恶灵，古人对它的恐惧可想而知。古人认为，猫头鹰之所以知道某人将死，是因为它喜欢吃人的指甲盖，它根据指甲盖就能知道此人的吉凶祸福。直到现在，民间还有听到猫头鹰笑预示有人将死的迷信。

古代志怪小说中常提到一种可怕的怪鸟叫"鬼车鸟"，又名姑获鸟。《玄中记》中记载：

姑获鸟，夜飞昼藏，盖鬼神类。衣毛为鸟，脱毛为女人，名为天帝少女。一名夜行游女，一名钓星，一名隐飞鸟。无子，喜取人子，养之以为子。人养小儿，不可露其衣，此鸟度即取儿也。……今谓之鬼车。

姑获鸟、鬼车鸟昼伏夜飞，习性有似猫头鹰，故李时珍在《本草纲目》中说：

鬼车，状如鸺鹠而大者。翼广丈许，昼盲夜瞭，见火光辄堕。

鬼车鸟喜欢偷人家的小孩，当自己的孩子养活。鬼车又名天帝少女、夜行游女，鬼车鸟脱去羽衣就变成女人，穿上羽衣又变回鸟，很可能在民间传说中，此鸟就是上帝的女儿死后变的，因此喜欢小孩，就像《山海经》说炎帝的女儿淹死后变成精卫鸟一样。古代传说所暗示的鬼车鸟与女人的关系，给鬼车鸟的故事留下了想象和发挥空间，因此，不少作家对此故事津津乐道，日本推理小说家京极夏彦有一部小说题为《姑获鸟之夏》，很是畅销，越发提高了姑获鸟这种妖怪的知名度。

鸱鸮的出现预示干旱，还有的鸟类出现则预示大水。《山经》中"见则大水"之鸟有二，即蛮蛮和胜遇。蛮蛮"其状如凫，而一翼一目，相得乃飞"，胜遇"其状如翟而赤，是食鱼"。蛮蛮似凫，凫即野鸭，"一翼一目，相得乃飞"，大概意味着这种鸟雄雌形影不离、双栖双飞，蛮蛮很可能即鸳鸯之类。胜遇似翟，翟即野鸡，《说文》说："翟，山雉尾长者。"胜遇之鸟形如长尾山雉而以鱼为食，当即常见的水雉（学名：Hydrophasianus chirurgus）。水雉常见于我国南方，栖息于湖泊、池塘和沼泽地带，善于游泳和潜水，以鱼虾为食，常常步履轻盈地行走于水面的百合、莲、菱角之上，仿佛凌波而行，故有"凌波仙子"之美誉，因为有长长的尾羽，故又称水凤凰。可见，蛮蛮和胜遇都是常见的水禽，洪水泛滥则水鸟多见，因此被视为洪灾的预兆。

《山经》中"见则大旱"的动物，兽类只有一种，"见则大水"的动物共九种，而兽类即占六种，兽类与洪水之关系，必有生态学上的原因。野兽平时潜伏山林，洪水时频繁出现，或与山洪导致森林中食物短缺，野兽不得不到人类生活空间猎食有关。

值得注意的是，"见则大水"的兽类中，有两种皆为猿猴之属，即《南山经》中"其状如禺而四耳"的长右和《东山经》中"其状如夸父而彘毛"的狪山之兽。长右"其状如禺而四耳"，郭璞说禺似猕猴而大，赤目长尾，江南山中常见，禺当即金丝猴或叶猴之属。经文还说长右"其音如吟"，"吟"当指吟歌之声。这种长相如长尾猴、其音如吟的动物，显然就是长臂猿。猿声悠长而凄切，如泣如诉，常见于古人诗文，郦道元《水经注·江水》载长江三峡渔者之歌"巴东三峡巫峡长，猿鸣三声泪沾裳"，杜甫《登高》曰"风急天高猿啸哀，渚清沙白鸟飞回"，李白《早发白帝城》云"两岸猿声啼不住，轻舟已过万重山"，这都是脍炙人口的名句。"右"字的甲骨文即表示右手，"长右"就是长臂的意思，今称长臂猿，《山经》称长右，都是得名于其手臂修长的特点。

提起夸父，人们想到的肯定首先是夸父追日，夸父追日的神话最早也是出自《山海经》中的《大荒经》和《海外经》，但《山经》说豹山之兽状如夸父，夸父当是野兽，跟追日的夸父不是一回事。《西次三经》的崇吾之山，有一种野兽，"其状如禺而文臂，豹虎而善投，名曰举父"，郭璞注说举父或作"夸父"，举父状如禺，禺是长尾猴，可见举父、夸父也是猿猴之属。经文说举父"豹虎而善投"，"豹虎"一语在这里读不通，当为"豹文"之讹，意指此兽身上有豹子一样的斑点。"善投"二字，郭璞解释说是指举父喜欢扔石头打人，实属望文生义。举父之外，《西次一经》也记述了一种以"善投"为特征的兽，即嚣，"其状如禺而长臂善投"。嚣状如禺而长臂，当即长臂猿。长臂猿有两条修长的长臂，长期生活于林间树梢，善于跳腾攀援，很少下地活动。"猿"字，古文写作"蝯"，又作"猨"。《说文》说："蝯，善援，禺属。"猿之所以得名为"猨",就是因为它长臂善攀援。"善投"当即"善援",意为猿善于投身跳跃于树木之间,并非说它喜欢扔石头。

可见,《山经》记载的六种"见则大水"的动物,有两种都是长臂猿。大概是由于长臂猿居于深林,以果实为食,平时很少见到,若大雨连绵,山洪频发,则山林乏食,长臂猿不得不出林觅食,为人所见,故形成了猿类"见则大水"的征兆观念。

以猿类为洪水征兆的观念,在古代可能流传很广,水怪无支祁的传说,大概即由此而来。唐人李公佐传奇小说《古岳渎经》说,淮水有水怪无支祁,"形若猿猴,缩鼻高额,青躯白首,金目雪牙",惯会兴风作浪,后被大禹制服,用铁索锁在淮阴龟山之下。《西游记》的"诸神遭毒手,弥勒缚妖魔"一回里,孙大圣为降伏黄眉怪,前往泗州国师王菩萨处搬救兵,菩萨告诉大圣说新收了淮水的水猿大圣,这水猿大圣就是无支祁。其实,齐天大圣自己就是一个本领高强、捣乱乾坤的猴精,它的身上就有无支祁的影子,《西游记》作者吴承恩是淮安人,肯定从小就熟知淮水水怪无支祁的传说。

《山经》所记动物朕兆知识,在此不能一一分析,但由以上分析足以证明,这些记载的确言之成理,反映了古人对于自然万物的细致观察和丰富经验，并非出于想象或杜撰。经验科学即源于对自然现象的相关性及其发生机理的观察和研究。在此意义上，不妨说《山经》里记载的这些富有灵异意味的朕兆知识，实为经验科学的最初萌芽。只是由于历史发展，时过境迁，这些原本朴素的描述流传既久，后人不了解其原初语境，故望文生义，将原本朴素的经验解释为灵异，原本的征兆话语变成了灵异故事，而原本平凡的动物也就变成了妖怪。妖怪与科学，这两个在后来分道扬镳、不共戴天的冤家对头，最初却是发生于同一语境之中。

所谓妖、怪，原本不过指各种违背常理、令人不安的反常现象，即《左传·宣公十五年》所谓"天反时为灾，地反物为妖，民反德为乱"，《论衡·自纪》所谓"夫气无渐而卒至曰变，物无类而妄生曰异，不常有而忽见曰妖，诡于众而突出曰怪"。《山经》中某某鸟兽"见则"有天灾流行的朕兆知识或灵异记载，正是后来"妖怪""精怪"观念借以孕育的胚胎。后世精气变化、物变为妖、妖变为人的精怪观念，正是从此种原本普通的预兆灾变的异常现象脱胎而来，照此来说，《山海经》其书确是"语怪小说之祖"。只是今人看《山海经》，却大多只是看其皮相，津津乐道的只是书中记载的那些形象诡异的九头之蛇、九尾之狐之类，并没有设身处地地用《山海经》时代人们的目光看待他们眼中的正常与灵异，因此反而对《山海经》中所蕴含的真正的"妖怪"现象视而不见了。

# 三 众神的缘起

# 群山之巅的众神之都

如果说，在一般人心目中，《山海经》主要是一部好玩的异兽录、妖怪谱的话，那么，在学者心目中，《山海经》主要是一部可以填补中国上古神话空白的神话典籍。

晚清民初之际，西学东来，西方的神话学和神话概念也传入中国。有种说法认为，中国缺少像希腊、北欧那样体系完整、波澜壮阔的神话，尤其是缺少可以跟《荷马史诗》媲美的神话典籍，因此，中国现代神话学从其诞生之时就被赋予了一个重要使命，即重建中国古代神话体系。由于《山海经》本身具有闳诞迂夸的特点，又记录了众多的神怪和一些神话故事，因此深受神话研究者珍视，被视为中国流传至今的唯一一部古代神话元典，获得了史无前例的文化史地位。在现在一些通行的文学史教科书中，在中国文学的开端，尤其讲到小说的起源时，往往都是从《山海经》

中的神话讲起。

其实，读过《山海经》的人都知道，这部书大概是古书中最不具有文学色彩的了，尤其是《山经》。整部书从头到尾、一五一十地记录一座座山的名字、方位，告诉你山中有什么动物，动物长啥样，叫什么名字，有什么用途，每一条都是寥寥数语，既无文采，也无故事，与其说是一个文学文本，不如说是一部干巴巴的账本，谁会把账本当文学书来读？《海经》中倒是记载了几个神话故事，如夸父追日、刑天虽死犹战、大禹杀相柳等，但也都是三言两语，无法与希腊神话、北欧神话中惊采绝艳的神魔大战、英雄冒险故事相比。《山海经》实在算不上什么神话典籍、小说之祖。

归根到底，《山海经》的主旨并非记录神话，更不是讲故事。前面我们说了，《山经》是一部地理博物志或国土资源志，旨在记录各地的山川地理及其物产。不过，由于在古代人心目中，山川除了是草木的渊薮、鸟兽的家园、矿藏的宝库之外，还是神灵居住的地方。《礼记·祭法》云："山林、川谷、丘陵，能出云为风雨，见怪物，皆曰神。"在古人的心目中，众神就住在山中，崇山峻岭，气象万千，风云变幻，天然具有神秘性，因此古人出于本能地对高山大川充满敬畏之情，奉之为镇守、庇护一方的神明，将之作为崇拜、祭祀的对象。因此，《山经》作为山川博物志，在记载众多的草木鸟兽金石矿物的同时，也记录了诸多神灵，这些为神灵栖居的山、川，其实就是古人世代崇拜、祭祀的宗教圣地。

《山经》关于神灵的记载，基于实地考察和真实见闻，不像后世朝廷山川祭典那样，经过官府的整理改造，也不像文人笔记小说中的神怪故事那样，经过文人的润色演绎。因此，《山经》得以保留上古神灵崇拜的本来面目，有助于我们了解上古宗教神学的真实状况。

在中国古代宗教观念中，万神殿的最高统治者、世间万物的最高主宰者是"帝"，亦即上帝。在古人心目中，上帝是住在天上的，《诗经·大雅·云汉》称"昊天上帝"，《尚书·召诰》称"皇天上帝"，即意味着上帝是天帝。其实，"上帝"之称，已寓帝居上天之义，古人以上、下分指天地，"上"谓天，"下"谓地。上帝高居天庭，故给人类赐福或者降祸，都是自上而下。商代甲骨卜辞占问上帝意旨，常常说"降若（顺利）""降食""降祸""降艰（灾难）""降潦"等，"降"意为自上而下、自天及地。《海内经》说："帝俊赐羿彤弓素矰，以扶下国，羿是始去恤下地之百艰。"意为上帝赐给后羿弓箭，派遣他从天上降到地下，为人间驱灾除害。可见，在《山海经》世界观中，上帝也是住在天上的。《大荒经》中记载了太阳、月亮之母的神话，太阳之母羲和生了十个太阳，月亮之母常羲生了十二个月亮，羲和与常羲都是帝俊的妻子，帝俊是《大荒经》中至高无上的主宰，亦即上帝，日、月皆为上帝之妻所生。正因为上帝住在天上，故古人祭天时要燃烧木柴焚烧祭品，借焚烧祭品的烟气而上达于天庭。

唯因上帝住在天上，高高在上，方能鉴临人间，无所不见，明察无隐。但是，正如身居紫禁城的人间帝王也常常要走出禁宫，巡查四方，并在各处名山设有行宫别墅一样，高居天庭的上帝也要时常降临地上，巡查人间。于是，人间就需要有上帝的离宫别馆。由于高山巍然高耸，远离尘寰，离天最近，故古人认为上帝在人间的宫殿应该在山上。《山经》的群山中，即有多处上帝在人间的设施，主要分布于《西次三经》记载的群山之中。

## 上帝的宫殿

《西次三经》是《山经》中最具神性色彩的一篇，该篇记载了多处有神灵栖居的山峰，其中最引人注目者，当属昆仑之丘：

> 昆仑之丘，实惟帝之下都，神陆吾司之。其神状虎身而九尾，人面而虎爪，是神也，司天之九部及帝之囿时。

昆仑之丘为"帝之下都"，山上有一位人面虎身、九尾虎爪的陆吾之神，它是帝之下都的守护神。

昆仑为中国神话和古代地理学中的名山，古书中关于昆仑神话景观的说法，可谓争奇斗艳，异彩纷呈，而以《淮南子·地形训》所载最为瑰丽多彩。《淮南子·地形训》说，昆仑之丘是大禹治水时为疏浚河道掘土堆积而成的高山，河水、丹水、弱水、洋水四条河流由此山发源。昆仑山高达一千余里，上面有玉树、珠树、璇树、绛树、碧树、瑶树、琅玕等各种用珠玉珍宝装饰而成的树木，琳琅满目，美不胜收。山顶上有一座九重宫殿，宏大壮观，瑰丽无比。宫殿四面一共有四百四十座城门，每座门相间四里，西北方的城门叫阊阖门，阊阖门常年敞开，以便通风，阊阖门内有倾宫、璇室、悬圃、凉风、樊桐等殿。昆仑山上的宫殿是众神居住的地方，山上生长着不死树，吃了它的果实就可以长生不死，山上流淌着丹水，喝了也可以长生不死，因此，尘世之人只要登上昆仑就可以成为不死的神仙。昆仑之丘上下共有三重，第一重叫凉风之山，登上去就能长生不死，成为仙人；第二重叫悬圃，登上去就能随心所欲地呼风唤雨，成为神灵；第三重叫太帝之居，登上这一重，就等于进入天界，成了天神。《淮南子》称昆仑为"太帝之居"，也就是《西次三经》所说的"帝之下都"，就意味着昆仑是上帝居住的宫殿。

昆仑令人神往，古人致力于求索昆仑之所在，大都认为它是一座位于中国西陲、黄河上游的高山，而对其具体所在，则众说纷纭，莫衷一是。其实，昆仑的最早出处即《山海经》，昆仑除见于《西山经》外，还见于《大荒西经》《海内西经》等篇。《山海经》所记正是昆仑的本来面目，后来各种昆仑异说，包括《淮南子》关于昆仑的说法，莫不是由《山海经》的昆仑说敷衍而来。

《西次三经》称昆仑之丘为"帝之下都"，顾名思义，即上帝在下界的都城或宫殿。《海内西经》也说昆仑之墟为"帝之下都"：

> 昆仑之墟在西北，帝之下都。昆仑之墟，方八百里，高万仞。上有木禾，长五寻，大五围。面有九井，以玉为槛。面有九门，门有开明兽守之，百神之所在。在八隅之岩，赤水之际，非仁羿莫能上冈之岩。

昆仑之墟"在八隅之岩"，即高居于四四方方的基址之上；"面有九门"，每一方面各有九座大门；"面有九井，以玉为槛"，每一方面还有九口水井，皆以玉石为井栏。可见，"昆仑之墟"原本是一座方方正正的人工建筑物，"墟"字在古书里原本就常常指人工建筑，如墟落、市墟等。我在《失落的天书》中指出，作为人工建筑的"昆仑之墟"，其实就是祭天的神坛，古人称之为"明堂"。北京天坛的圜丘就是明清时期皇帝祀天的祭坛，也就是明清时期的"昆仑之墟"。至于"昆仑之丘"，则是"昆仑之墟"所在的大山，古人都是在山上祭天。人类借祭祀与上帝、群神沟通，祭天之地即为上帝、群神降临之所，因此，昆仑成为上帝、群神在人间的宫殿，故得名"帝之下都"，为"百神之所在"。上帝在天上的都城位于天穹的中央，即天极，上帝在地上的都城位于昆仑，故在古人的宇宙观中，大地上的昆仑与天上的北极相对，两者共同构成天地之中轴，托名东方朔的《海内十洲记》即说昆仑山"上通旋机"，"旋机"又称"璇玑"，即天穹的北极。

《西次三经》说昆仑之丘上有人面虎身、九尾虎爪的陆吾之神，《海内西经》说昆仑之墟有九座城门，每座城门都有开明兽把守，"开明兽身大类虎而九首，皆人面，东向立昆仑上"，开明兽也是人面虎身，当即陆吾。这位人面虎身的陆吾神、开明兽，其形象十分引人注目，我们在下文还会讲到。

## 上帝的花园

《西次三经》又说，昆仑之神陆吾"司天之九部及帝之囿时"。"天之九部"当指天之九野，古人分大地为九州，天穹亦分为九野。《吕氏春秋·有始》说天有九野，地有九州，并详列九野、九州之名，九野分别为中央钧天，东方苍天，东北变天，北方玄天，西北幽天，西方颢天，西南朱天，南方炎天，东南阳天。九野、九州其实就是按照九宫格的方位将天穹和大地分别划分为九个对称分布的区域。《海外西经》说："龙鱼陵居在其北，状如狸（当作鲤）。一曰鰕。即有神圣乘此以行九野。一曰鳖鱼，在夭野北，其为鱼也如鲤。"西北方有一种神兽叫龙鱼，住在山上，神人乘之可以遨游九野。"九野"在其他的书中又称为"九天"。

顺便说一下，这种背着神仙遨游九天的神兽龙鱼，并非住在天上，而是住在山上，即"陵居"。《南山经》说鲮也是"陵居"，"鲮"我们前面讲过，即穿山甲。穿山甲在古书里又叫"鲮鲤""龙鲤"，"鲮""龙"都是"鲮"的一音之变，龙鱼状如鲤，亦即龙鲤。古人称穿山甲为龙鱼、龙鲤，大概是有见于穿山甲像鱼一样，浑身长满鳞片。《海外西经》还说龙鱼状如鰕，鰕就是虾，穿山甲浑身披甲，身体蜷曲的样子，还真有几分像虾呢。穿山甲是行动迟缓，笨笨的样子，居然被古人当成神仙升天的座驾。大概是古人觉得穿山甲长得怪，不似凡界之物吧。

说完龙鱼，再回到陆吾。《西次三经》还说陆吾之神司"帝之囿时"。"囿时"一词读不通，郝懿行在《山海经笺疏》中将"时"校订为"畤"。"畤"指将农田用田埂划分为一个个方块的形状，《史记·封禅书》说秦国人设立畦畤祭祀上帝，畤的构造如同种菜的韭菜畦子。囿为苑囿，畤为菜畦，则所谓"帝之囿畤"，即上帝的苑囿，实指上帝在下界的花园。可见，在古人心目中，地上不仅有上帝的宫殿，还有上帝的花园。

## 上帝的菜圃

《西次三经》中，与昆仑之丘相邻，为另一座神山，即槐江之山，此山为"帝之平圃"，圃即菜圃、蔬圃，则槐江之山为上帝在下界的菜园子。上帝在下界，不仅有花园，还有菜园。守护槐江之山的是英招之神。英招"其状马身而人面，虎文而鸟翼，徇于四海，其音如榴"，英招是一位人面马身之神，身上有老虎一样的花纹，还长着双翼，此神经常遨游四海，为上帝巡视天下。

槐江之山上"多青雄黄，多藏琅玕、黄金、玉，其阳多丹粟，其阴多采黄金、银"，雄黄是古人常用的药物，现在中药铺里也有，古人相信它不仅可以杀虫驱蛇，而且还可以驱鬼辟邪。琅玕是一种美丽的石头，有人说可能就是珊瑚，"藏"通"臧"，意为美好，"藏琅玕"就是上品琅玕的意思。丹粟即丹砂，丹砂含水银，古人用来炼长生不老药。槐江之山上有雄黄、琅玕、黄金、玉石、丹砂、白银，金银珠宝应有尽有，可见此山之非同一般，这些金银珍宝皆为献给上帝、天神的祭品。

《西次三经》说，登上槐江之山，向四方望去，触目所及，皆为神山圣地：

明·万历时期刊本《金石昆虫草木状》 文俶 绘

图14 珊瑚

明·万历时期刊本《金石昆虫草木状》 文俶 绘

**图15 丹砂**

明·万历时期刊本《金石昆虫草木状》 文俶 绘

图16 雄黄

> 南望昆仑，其光熊熊，其气魂魂；西望大泽，后稷所潜也，其中多玉，其阴多榣木之有若；北望诸毗，槐鬼离仑居之，鹰䳜之所宅也；东望恒山四成，有穷鬼居之，各在一搏。爰有淫水，其清洛洛。有天神焉，其状如牛，而八足、二首、马尾，其音如勃皇，见则其邑有兵。

南望为昆仑之丘，可见槐江之山去昆仑不远。昆仑光芒四射，云蒸霞蔚，笼罩在一片神圣的氛围之中。西望可见一处大泽，后稷死后潜入此泽，那里是后稷之墓所在。后稷是谷物之神，被周人当成祖先，传说后稷的母亲姜嫄婚后久不生子，在野外祭祀上帝时，踩了大人的脚印即怀孕生了后稷，后稷从小就善于种庄稼。槐江之山北望可见诸毗，"诸毗"这个地名在《山经》中多次出现，可见其在《山经》作者的观念中有着举足轻重的地位。诸毗为槐鬼所居，还有鹰、䳜住在那里，䳜是鹞鹰之类，也是猛禽，槐鬼名叫离仑，当是诸毗的神。槐江之山东望可见恒山，这座恒山并非后世被作为北岳的恒山，即今河北曲阳县的常山。恒山上下四层，山的四旁各有一位有穷鬼，有穷鬼当为此山的守护神。清澈的淫水由此山发源，有一位天神住在淫水边，其状如牛，八足二首马尾，叫声如同金龟子（勃皇），此神一旦出现，就会爆发战争，这是一位天上的战神。——槐江之山不仅本身为神所居，环绕其四面的山、水也俱为神灵所居，可见此山之所在，必为一处祭祀众神的宗教圣地。

## 上帝的兽苑

《西次三经》所记群山中，不仅有上帝的宫殿（帝之下都）、上帝的花园（帝之囷畤）、上帝的菜园（帝之平圃），还有上帝的动物园。《西次三经》记载的第一座山叫崇吾之山，"在河之南，北望冢遂，南望䍃之泽，西望帝之搏兽之丘，东望蟜渊"。此山在黄河以南，登上此山，北望可看到冢遂，南望可看到䍃泽（即瑶泽），西望可见"帝之搏兽之丘"，搏兽即猎兽，亦即狩猎。这座位于崇吾之山以西的帝之搏兽之丘，当是上帝打猎的地方，实为上帝在下界的兽苑，其中肯定豢养着不少奇鸟异兽。正如后世帝王的上林苑，既有奇鸟异兽，亦有奇花异草，兼具动物园与植物园的景观，《西次三经》所呈现的这片群山之中，同样既有上帝的动物园，又有上帝的植物园，其宗教功能可谓完备。

## 上帝的玉田

植物园可以植草木果蔬，动物园可以豢养鸟兽，实际上，它们都是供在祭祀时献祭上帝之用。古人祭祀上帝，除了要奉献嘉果和牺牲，最重要的是玉石，故《西次三经》所记群山中，不仅有上帝的花园和上帝的兽苑，还有上帝采玉之地。《西次三经》的第四座山叫峚山，丹水发源自峚山：

> 丹水出焉，西流注于稷泽，其中多白玉。是有玉膏，其源沸沸汤汤，黄帝是食是飨，是生玄玉。玉膏所出，以灌丹木，丹木五岁，五色乃清，五味乃馨。黄帝乃取峚山之玉荣，而投之钟山之阳。瑾瑜之玉为良，坚粟精密，浊泽而有光。五色发作，以和柔刚，天地鬼神，是食是飨，君子服之，以御不祥。

上面说过，《山海经》的文字，通篇就像记账本，单调枯燥，缺乏文学色彩。但这一段文字，却合辙押韵，读起来朗朗上口，声情并茂，金声玉振，是《山海经》全书中最具文学意味的一段，实属难得。大概峚山的风情确实非同一般，故连惜墨如金的《山经》

明·万历时期刊本《金石昆虫草木状》 文俶 绘

**图17　玉泉(即泉华)**

作者也触景生情，忍不住情思奋发，文采飞扬。

这段文字乍看很富有神话色彩，其实描述的不过是一处温泉场景。丹水之源，"沸沸汤汤"，水翻腾奔涌，指温泉喷涌之象。温泉水多为岩溶水，富含矿物质，随着泉水的流动，其中的矿物质会逐渐沉淀而成结构松散的沉淀物，形成泉华。泉华中尤以碳酸钙沉淀形成的白色钙华最为常见，即这段文字中的"玉膏"。泉华经过不断沉淀，日久天长，会变成钟乳石，即所谓"是生玄玉"。树干浸泡于富含碳酸氢钙的岩溶水中，经年累月，逐渐钙化为如同玉石一般的钙化木，所以说"玉膏所出，以灌丹木"。此种由岩溶泉水形成的奇异地貌，在今天的四川省九寨沟、云南省香格里拉市（原名中甸县）等地依然可以见到。土耳其的棉花堡也以此地貌和温泉而闻名世界。这都是由碳酸钙泉华长期沉淀积聚而成的奇异景观。"黄帝乃取峚山之玉荣，而投之钟山之阳，瑾瑜之玉为良"，黄帝从峚山取了玉荣，种在钟山以南，就变成了优良的"瑾瑜之玉"。溶岩水沉淀结晶，形成泉华，泉华经久形成钟乳石，所以古人就把泉华当成玉的种子。

古人崇玉，不仅因为玉石细腻莹润，更重要的是认为佩玉可以辟邪，食玉可保长生。所以，古人也经常以玉祭神，《山经》中便常见以玉祭祀山神的记载。"黄帝是食是飨""天地鬼神，是食是飨"，其义盖谓丹水所产玉膏和瑾瑜之玉可用来奉献给黄帝、众神作为祭品。黄帝采玉于峚山，以峚山的玉膏为食，当意味峚山所产玉膏和白玉是祭祀上帝之物，峚山可谓上帝的玉田。

可见，在《西次三经》所记载的以昆仑为中心的群山之中，有数处上帝在地上的设施：昆仑之丘是帝之下都，为上帝的宫殿；槐江之山是帝之平圃，为上帝的菜园；昆仑边还有帝之囿时，为上帝的花园；有帝之搏兽之丘，为上帝狩猎的兽苑；峚山则为上帝采玉的玉田。这一系列上帝的宫殿苑囿，构成了一个完整的宗教地理学体系，昆仑之丘及其周边群山，当为古人祭祀上帝的一系列圣地所在。

## 众神栖居之圣地

宗教圣地之所在，即为众神栖居之家园。因此，我们看到，在《西次三经》记载的群山中，出现了众多的神灵，除上面提到的昆仑之丘的陆吾之神、槐江之山的英招之神外，还有数位。

**长乘之神**：由昆仑之丘西行为乐游之山，乐游之山继续西行为嬴母之山，嬴母之山上住着一位长乘之神，其状如人，但长着豹子的尾巴。长乘之神主管"天之九德"，"天之九德"为哪九种德，详目不得而知。"德"有恩惠之义，《尚书·盘庚》说："施实德于民。"即谓施惠于民。"天之九德"，当指上帝施与人间的九种恩惠，长乘之神是给人间赐福的神。

**西王母**：嬴母之山的西边为玉山，玉山为西王母所居。"西王母其状如人，豹尾虎齿而善啸，蓬发戴胜"，西王母虽是人的形象，却长着豹尾虎齿，蓬乱的头发上却戴着美丽的华胜，而且时时发出如同口哨一样的啸声。《大荒西经》提到西王母，也说她"戴胜、虎齿，有豹尾"，还说她"穴处"，即居于洞穴里。显然，西王母是一位神性与野性兼具、独居魅力的女神。

《西次三经》说西王母"司天之厉及五残"。厉指厉鬼，天之厉即天上的厉鬼，五残指五残星，《史记·天官书》说"五残星，出正东东方之野，其星状类辰星，去地可六丈"。五残星不是恒星，也不是行星，而是出没无常的妖星，当即彗星、流星之类，张守义《史记正义》解释说："五残，……见则五分毁败之征。"意为五残星出现，预示天下四分五裂、毁灭衰败。厉和五残皆为凶恶之象，厉为死鬼，五残代表毁败，西王母主司象征死亡和毁败的天之厉和五残星，可见，西王母当为一位散播死亡的女神。

然而，《大荒西经》对西王母的记述却是另一番景象。《大荒西经》说西王母之山在"沃之国"：

> 有沃之国，沃民是处。沃之野，凤鸟之卵是食，甘露是饮。凡其所欲，其味尽存。爰有甘华、甘柤、白柳、视肉、三骓、璇瑰、瑶碧、白木、琅玕、白丹、青丹，多银铁。鸾鸟自歌，凤鸟自舞，爰有百兽，相群是处，是谓沃之野。

沃之国就是沃国，沃之野就是沃野，这番关于沃之国、沃之野的描述，呈现出一片丰沃、吉祥的乐园景象，凤凰、鸾鸟载歌载舞，野兽成群，和睦共处，沃国的人民吃的是凤凰的蛋，喝的是甘美的雨露，沃之野上各种美味应有尽有，无论想吃什么，都是随手可得。这番描写所呈现的人间乐园景象，仿佛是神话中的伊甸园，其所呈现的实为秋天的丰收庆典场面。我在《失落的天书》中指出，《大荒经》的东、南、西、北四方，分别对应春、夏、秋、冬四时，《大荒西经》对应西方，西方在时间上对应于秋天，秋天是收获的季节，古人在秋收之后都要将丰收的成果首先献给上

图18 年画中的西王母

帝、群神和祖先，报偿众神的恩惠，称为"秋尝"。《诗经·周颂·丰年》说："丰年多黍多稌，亦有高廪，万亿及秭。为酒为醴，烝畀祖妣，以洽百礼，降福孔皆。"讴歌的就是周人丰收之后祭祀众神、祖先的秋尝庆典。沃之野上有甘华、甘柤、白柳、视肉、三骓、璇瑰、瑶碧、白木、琅玕、白丹、青丹、银铁，嘉果、祭肉、动物、玉石，仙药宝物应有尽有，就是献给群神的供品。西王母出现在这一丰收场景之中，说明西王母是丰收之神。

西王母既是死神，又是丰收之神，这双重身份好像很难调和。丰收，人之所欲也；死亡，人之所恶也，如何能兼具于一身？其实，收获与死亡，只是一体之两面。秋天，是收获的季节，也是万物凋零的季节，所以，收获同时也意味着死亡。实际上，在很多民族的宗教和神话中，收获之神与死亡之神往往由一神兼任。英国早期人类学家弗雷泽为说明这一道理，在其名著《金枝》中收集了大量来自世界各民族的神话和仪式。

秋天万物凋零，象征着一个生命周期的终结，同时也预示着另一个生命周期的到来。旧生命的死亡预示着新生命的开始，因此，西王母作为死亡之神，同

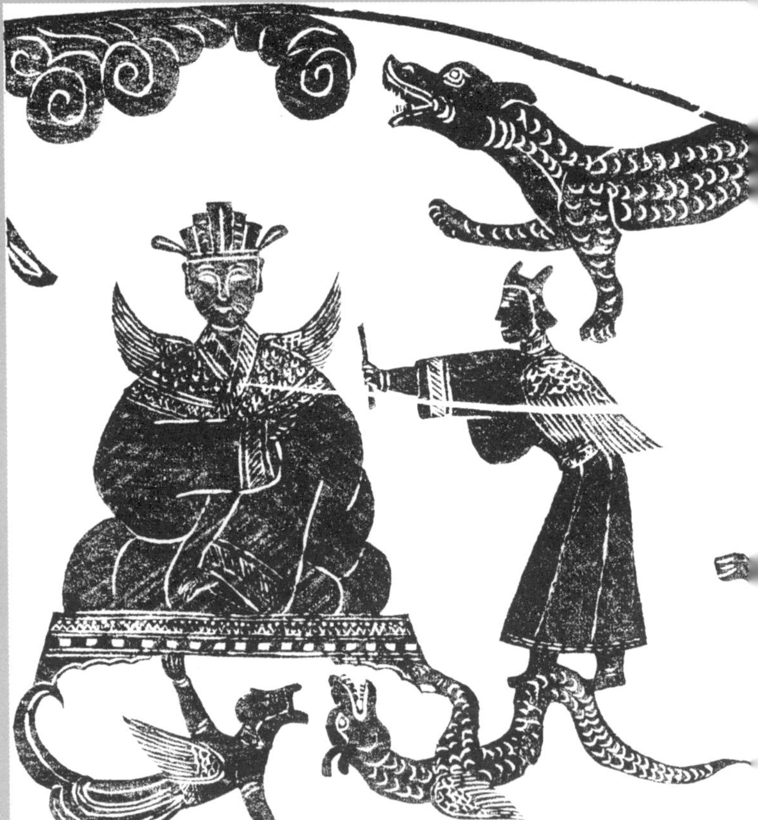

清·《金石索》

图19　汉代武氏祠画像石拓片中的西王母

时也是生命之神，她掌握了万物皆有毁败、人类终有一死的命运，同时也掌握了生命生生不息、新陈代谢的秘密。西王母既是生命的收割者，同时又是生命的赐予者。因此，在古人的观念中，西王母掌握着能让人类返老还童、死而复生的不死药。《淮南子·览冥训》说神箭手后羿从西王母那里求得不死药，却被妻子嫦娥偷去吃了，嫦娥因此得以升天为神，居于月宫之中，这就是众所周知的嫦娥奔月的故事。可见，在古人心目中，西王母是不死药的拥有者和赐予者。

后羿得不死药的说法，在《山海经》的昆仑神话中就已有端倪。《大荒西经》说西王母住在昆仑，《海内西经》说到昆仑之墟为众神之居，其高万仞，巍峨高耸，"非仁羿莫能上冈之岩"，即只有后羿才能登上昆仑。昆仑为众神之居，登上昆仑即可长生不死，故《淮南子·地形训》说："昆仑之丘，或上倍之，是谓凉风之山，登之而不死。"《海内西经》的说法流露出的消息，暗示后羿曾经登上昆仑，才有了后面从西王母那里求得不死药的演绎。

**少皞**：从西王母所居的玉山继续西行，经过轩辕之丘和积石之山后，为长留之山，白帝少昊居于此山。少昊即少皞，少皞是秋天之神。古人分一年为四时，以四时配四方，并以五帝配四时、四方：太皞是春天之帝，居于东方；炎帝是夏天之帝，居于南方；少皞是秋天之帝，居于西方；颛顼是冬天之帝，居于北方；黄帝居于中央，不对应于任何季节。在五行体系中，又以青配春、赤配夏、白配秋、黑配冬、黄色配中央，因此，少皞又称为白帝，故此处称少皞为白帝少皞。少皞是秋天之神，秋天对应于西方，故少皞居于西方群山中，并与代表死亡和收获的西王母做邻居。

少皞所居的长留之山，"实惟员神磈氏之宫。是神也，主司反景"。此山又为员神磈氏的宫殿所在。员神磈氏"主司反景"，反景即返影，指日落西山时投向东方的影子，所谓"主司反景"，当指此神负责观测落日，此神实为落日之神。长河落日圆，故此神名为"员神"，员神即圆神。日落与秋天都代表衰落，落日于西，秋归于西，故落日之神磈氏和秋天之神少皞同居于一山。

少皞的事迹，最为人称道的是以鸟任官，《左传》记载他任用各种鸟为官员：以凤鸟为历正，管历法；玄鸟为司分，管春、秋分；伯赵为司至，管冬、夏至；青鸟为司启，管立春、立夏；丹鸟为司闭，管立秋、立冬；祝鸠为司徒，管民政；雎鸠为司马，管军事；鸤鸠为司空，管建设施工；爽鸠为司寇，管社会治安；鹘鸠为司事，管各种具体事务。

[日]月冈芳年 绘《月百姿》，1885—1892

图20 嫦娥

春秋时期，位于今山东省郯城县的郯国自称是少皞的后裔，有一次，郯国的国君去鲁国拜见鲁公，鲁国人向他请教少皞以鸟为官究为何义，郯君说，当初少皞降生的时候，正好有一只凤鸟飞来，因此少皞就以鸟的名字命名各种官职了。实际上，少皞以鸟命官的制度，反映的是古人根据候鸟来往判断季节、农时的原始历法制度。例如，玄鸟就是燕子，燕子春分来、秋分去，故以燕子来、去为春、秋分的标志，是为玄鸟司分；伯赵即伯劳，伯劳夏来、冬去，故以伯劳为冬、夏至的标志，是为伯赵司至……郯子的这番话，当时传到了孔子的耳朵里，孔子听罢，感慨道："天子失官，学在四裔。"

郯子在说这番话时，提到少皞的名字叫挚，其他古书里记载，挚是常仪的儿子。常仪即《大荒经》里的常羲，又写作常仪。《大荒西经》记载，常羲生了十二个月亮，常羲为月亮之母，实为月神。"羲""义"（繁体字为"義"）与"我""娥"，形近音通，"常羲"即"嫦娥"。如此说来，少皞居然是嫦娥的儿子。

其实，少皞原本就是月亮之神。少皞与太皞相对，太皞属春、居东方，少皞属秋、居西方，"皞"意为光明，日光盛而月光弱，日出东方，月生西方，故太皞本义当指太阳，少皞本义当指月亮。嫦娥与少皞的母子关系，当即由此而来。

**月神嫦娥**：长留之山西行为章莪之山。经文并没有说章莪之山上有何神居住，但是，章莪之山的名字却值得回味。章莪之山毗邻长留之山，长留之山是少皞所居，如上所述，少皞名挚，古书中有挚为常仪之子的说法，常仪即嫦娥，了解了这一故事背景，"章莪之山"这个名字就立刻变得意味深长了。地名原本只有其音而无其字，故不同的人往往会以同音字记载同一个地名，"章""常"音近，"莪""娥""羲"音形皆通，则"章莪之山"又可写作"常羲之山""嫦娥之山"，章莪之山当因其为月神常羲或嫦娥所居而得名。因为少皞与嫦娥皆为月神，故其所居之山相互毗邻，章莪之山当为月亮升起的地方。可见，嫦娥所居的广寒宫原本不在月亮上，而是在西方群山中。

**江疑之神**：章莪之山西行为阴山，阴山上有一只怪兽，"其状如狸而白首，名曰天狗"，此山称为阴山，亦当与其临近月神的宫殿有关，天狗"可以御凶"，或许是为月神把守宫殿的神犬吧。阴山继续西行为符惕之山，此山为江疑之神所居。"是山也，多怪雨，风云之所出也"，谓此山风云变幻莫测。山区地形复杂，导致天气变化无常，所谓油然作云、沛然作雨，风雨阴晴瞬息万变。《礼记·祭法》云："山林、川谷、丘陵，能出云，为风雨，见怪物，皆曰神。"此山当正因其风云变幻，为风生云起之地，故古人祀之为神，并为天旱祈雨的对象，江疑盖为风雨之神。

**耆童**：符惕之山西行为三危之山，三危山上有三青鸟。根据《海内北经》记载，三青鸟是三只为西王母获取食物的神鸟，《大荒西经》记载三青鸟的名字分别为大䳄、少䳄、青鸟，"䳄"通"黎"，"黎"有青色的意思，青鸟以羽毛青翠而得名，当即翠鸟。三危之山西行则为騩山，经文说此山之下"多积蛇"，意为此山之下为蛇窟，积蛇成堆，可见此山非凡人可涉足之地。此山为耆童之神所居，"耆""老"义通，耆童即老童，《大荒西经》说："颛顼生老童，老童生重及黎。"老童为颛顼之子、重黎之父。经文未言耆童所司之事，只说他声如钟磬，大概为音乐之神。

**帝江**：騩山西行为天山，此山为帝江之神所居。"有神焉，其状如黄囊，赤如丹火，六足四翼，浑敦无面目，是识歌舞，实惟帝江也。"帝江之神形如黄囊，身体像是一只布口袋，六足四翼，浑敦无面目，脸上五官难以辨别，却能歌善舞。此神当为歌舞之神，正与声如钟磬的耆童之神相呼应。《左传》说，帝鸿氏有个不成器的儿子，光干坏事，专门结交坏人，人们称之为"浑敦"，"浑敦"即"浑沌"，说一个人浑沌，就是糊涂虫、混蛋的意思。由于"江""鸿"古音相通，帝鸿氏之子名曰"浑沌"，帝江"浑沌无面目"，因此有人认为帝江即帝鸿氏之子浑沌。这是不对的。《山海经》说帝江"浑敦无面目"，只是说其面目模糊、不具五官而已，"浑敦"在此是作为形容词，而并非帝江之名，且帝江通晓歌舞，虽面目浑敦，但心有灵犀，而帝鸿氏之子浑敦则是一个冥顽不化的糊涂虫，安能混为一谈？

蓐收：天山以西为泑山，此山为蓐收之神所居。蓐收为秋天之神，《礼记·月令》说秋天"其帝少皞，其神蓐收"，少皞和蓐收共同掌管秋天和西方。天山"西望日之所入，其气员，神红光之所司也"，此山西望落日，落日为红光之神所司，红光与长留之山主司反景的员神魂氏一样，均为落日之神。日落西方，故落日之神魂氏和红光，分别与西方之神少皞、蓐收同处一山。

蓐收也见于《海经》。《海外西经》说："西方蓐收，左耳有蛇，乘两龙。"蓐收也是西方和秋天之神。秋天是收割生命的季节，也是审判、处决刑徒的时节，即后世所谓"秋决"。因此，秋天之神蓐收又被视为刑神。《国语·晋语》记载，春秋时虢国国君梦到自己在祖庙里看到一位神，人面白毛虎爪，手中拿着斧头。

《谟区查抄本》(Boxer codex)，约1590
**图21　帝江**

《谟区查抄本》(Boxer codex)，约1590
**图22　蓐收**

《谟区查抄本》(Boxer codex)，约1590
**图23　烛阴**

虢公被吓醒，解梦人告诉他说，他梦到的就是天上的刑神蓐收。

除上面这些明确说明有神明所居的几座山之外，《西次三经》中还有几座山，尽管没有说明为神明所居，但由其名字也不难看出其与神话的关系：

**不周之山**：不周之山为《西次三经》的第三座山，不周之山这个山名很容易让人想到共工怒触不周山的神话，这个神话众所周知，此不赘述。

**钟山**：钟山为《西次三经》的第五座山。钟山也出现在《海外北经》中，《海外北经》说：

> 钟山之神，名曰烛阴，视为昼，瞑为夜，吹为冬，呼为夏。不饮，不食，不息，息为风。身长千里。在无䂿之东，其为物，人面，蛇身，赤色，居钟山下。

钟山之神是一条人面蛇身、身长千里、不吃也不喝的红色巨蛇。它张开眼即为白天，闭上眼就变成黑夜，吹出冷风就是冬天，呼出暖气即为夏天，一年四季的风就是这条巨蛇呼吸的气息。此神名为烛阴，意味此神像火炬一样照亮阴暗之地，因为此神人面蛇身，故《大荒北经》称之为烛龙。在《山海经》记载的众多神灵中，烛龙堪为最具创世色彩的洪荒巨怪。

《西次三经》在记述钟山时，没有提到这位钟山之神，却提到钟山之神的儿子：

> 钟山，其子曰鼓，其状如人面而龙身，是与钦䲹杀葆江于昆仑之阳，帝乃戮之钟山之东，曰崾崖。钦䲹化为大鹗，其状如雕而黑文白首，赤喙而虎爪，其音如晨鹄，见则有大兵。鼓亦化为鵕鸟，其状如鸱，赤足而直喙，黄文而白首，其音如鹄，见即其邑大旱。

钟山之子即钟山之神烛龙的儿子，名为鼓。鼓的形象跟烛龙一样，也是人面龙身。鼓与另一位叫钦䲹的神，在昆仑之阳杀死了葆江。上帝为葆江报仇，在钟山东面的崾崖杀死了鼓和钦䲹。鼓和钦䲹死后，都变成了猛禽。钦䲹变成一只大鹗，白首黑文，赤喙虎爪，形状如雕，叫声如晨鹄。鼓死后则变成鵕鸟，赤足直喙，白首黄文，叫声如鸿鹄，也是一种猛禽。这两种猛禽当是钟山当地常见的两种鸟类，鹗即鱼鹰，钦䲹所化大鹗的样子，"其状如雕而黑文白首，赤喙而虎爪"，就很像鱼鹰。至于说大鹗是钦䲹死后所变，鵕鸟是钟山之子鼓所变，则显然是当地人的传说，就像

第三章 众神的缘起　157

说精卫鸟是炎帝的女儿死后所变一样。经文还说,大鹗出现会爆发战争,鵸鸟出现会暴发旱灾,这是典型的征兆知识,我们在前面已经讨论过。从钟山流传的这一则颇有神话色彩的传说可以看出,钟山也是一处具有宗教意义的神山。

**轩辕之丘**:轩辕之丘是《西次三经》的第十二座山。众所周知,轩辕为黄帝之号,此山当与黄帝崇拜有关。

综上所述,可见《西次三经》记述的二十二座山,几乎每座山都有神性的意味。由东到西,依次为:

第一山,崇吾之山,西望可见帝之搏兽之丘,为上帝的兽苑。

第三山,不周之山,为传说中共工怒触不周山的地方。

第四山,峚山,为黄帝采玉的地方。

第五山,钟山,为烛龙之神所在,当地还流传着钟山之子鼓死后化为鵸鸟的传说。

第七山,槐江之山,为帝之平圃所在,英招之神居于此山。

第八山,昆仑之丘,为帝之下都,陆吾之神居于此山。陆吾之神主司帝之囿時,即上帝的花园。

第十山，嬴母之山，长乘之神居于此山，主司天之九德，即天的九种恩惠。

第十一山，玉山，西王母居于此山，西王母主司天上的厉鬼和五残星，是死亡之神，但同时也是丰收之神、主管不死药的生命之神。

第十二山，轩辕之山，当与黄帝有关，或即黄帝的神宫所在。

第十四山，长留之山，白帝少皞和落日之神魄氏所居，少皞为秋天之神，魄氏之神主管西方夕照。

第十五山，章莪之山，为月神嫦娥的居所。

第十六山，阴山，上面有一只叫天狗的神兽。

第十七山，符惕之山，江疑之神居于此山。

第十八山，三危之山，为西王母取食的三青鸟居于此山。

第十九山，騩山，耆童之神居于此山。

第二十山，天山，帝江之神居于此山。

第二十一山，秋天之神蓐收和落日之神红光居于此山。

以上诸神之所司，或为上帝在下界的宫殿或苑囿，或与日月、气象、时令有关，可见这里所记的诸神当皆为天神，即上帝的下属。他们各居一山，各有所司，正如人间朝廷由职责各异的官府组成一样。群神居住

第三章 众神的缘起

于以"帝之下都"昆仑之丘为核心的群山之中，构成了一个气势恢宏、规模庞大的万神世界。神是人类祭祀崇拜的对象，《西次三经》记载的这些诸神所居之山，实为古人祭祀众神的圣地所在。可以说，《西次三经》呈现出来的，是一个以昆仑山为中心的宗教地理版图。

# 星光灿烂的天上神殿

在古人的心目中，上帝是住在天上的，上帝的殿堂和文武百官的官府也在天上，昆仑之丘是"帝之下都"，有下都必定有上都，上都必定在天上。群山中的帝都苑囿，不过是其天上的神殿在地上的投影。

古人说群神住在天上，不光是抽象地说说而已，而是在满天繁星之中为每一位神一一安排了具体的位子，在古人的心目中，群星璀璨的星空，就是众神在天上的宫殿。

天上的群星均围绕北极而旋转，上帝既然是至上神，他在天界的居所自应位于天穹的中央，即北极。《史记·天官书》说："中宫天极星，其一明者，太一常居也。"又云："斗为帝车，运于中央，临制四乡。"太一，即汉人对上帝的称号，太一住在距离北极最近的那颗星上，北斗七星是北极附近最明亮的星座，古人想象它是上帝的车子，随着北极而运转，在不同的

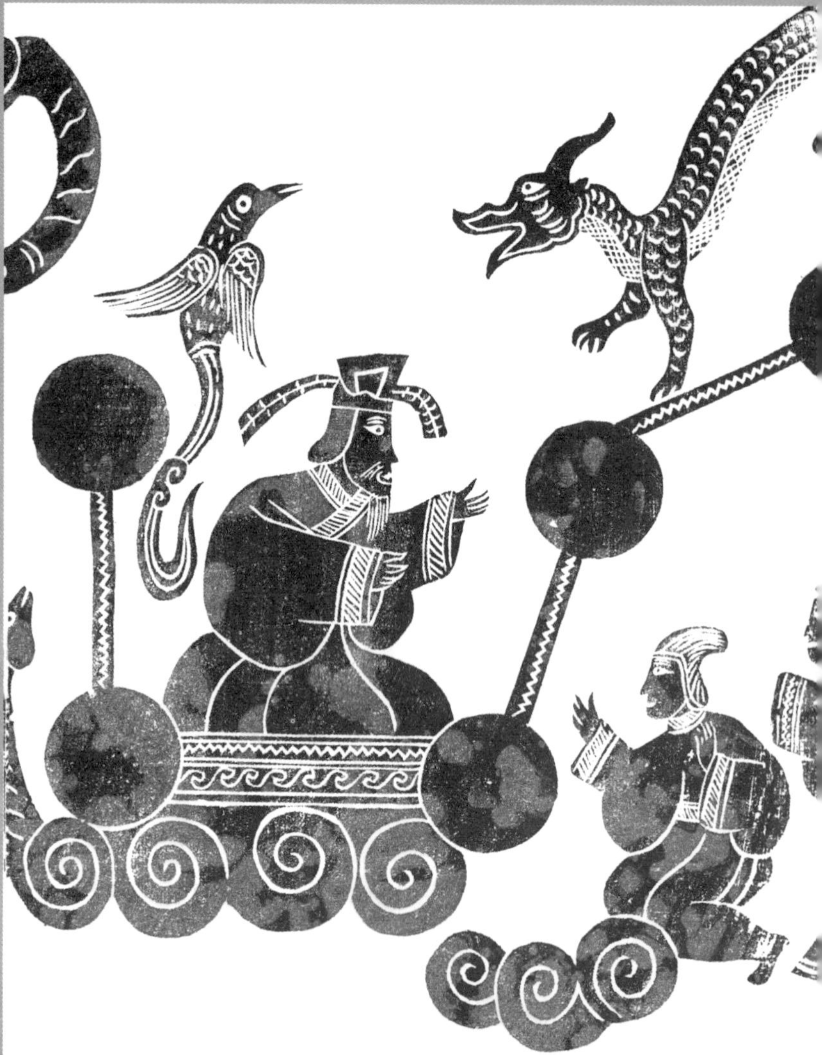

清·《金石索》

图24 汉代武氏祠画像石拓片中的"斗为帝车"

[日]月冈芳年 绘《月百姿》，1885—1892

图25 牛郎织女

季节和时辰指向不同的方向，为天下带来季节和昼夜的变化。

上帝住在北极，那么，其他众神，比如《西次三经》提到的这几位神，住在天上的什么地方呢？要知道众神在天上的住处，首先需要了解古人心目中的星空地图。

即使没有学过天文学，没有读过天文书，但如果读过王力先生的《古代汉语》，大概都会有一点古代天文学的常识。王力先生在书中专门讲过中国古代天文学知识，而且还配有一幅红、绿、黑三色套印的天文图。一般人都仅仅把它看成一幅星象图，用来认识星座，尤其是对比中、西星座的异同。如果你了解中国古代神话和宗教，那么，你就会知道，星图的意义远远超出天文学，那些星座和星座名称背后的故事、神话和历史，三天三夜也讲不完。星图其实就是一幅星空地图，那上面也有山、有水、有城市、有宫殿、有道路、有桥梁，就像地图上的山、水、城市、宫殿和各种风景名胜有讲不完的故事一样，星空地图的这些山、水、城市和宫殿背后，也有意味隽永的传说故事。

中国星空的传说故事，最脍炙人口的当然要数牛郎织女的故事了。《诗经·小雅·大东》说：

第三章 众神的缘起

> 维天有汉，监亦有光。
> 跂彼织女，终日七襄。
> 虽则七襄，不成报章。
> 睆彼牵牛，不以服箱。
> ……

以上是西周时期的一首征人之歌。《古诗十九首》里说：

> 迢迢牵牛星，皎皎河汉女。
> 纤纤擢素手，札札弄机杼。
> 终日不成章，泣涕零如雨。
> 河汉清且浅，相去复几许。
> 盈盈一水间，脉脉不得语。

以上是汉代的一首情歌。西周和汉代的诗歌里都提到了牵牛、织女、银河的名字，说明那时候很可能就已经流传着牵牛织女会天河的故事了。牵牛织女的故事完全是由天上的牵牛星和织女星两颗星星的天文学知识演变而来，我在《七夕》一书中已经有详细的论述，在此不再赘言。这里，我们要讲的是比牵牛织女更古老、更久远的星空故事。

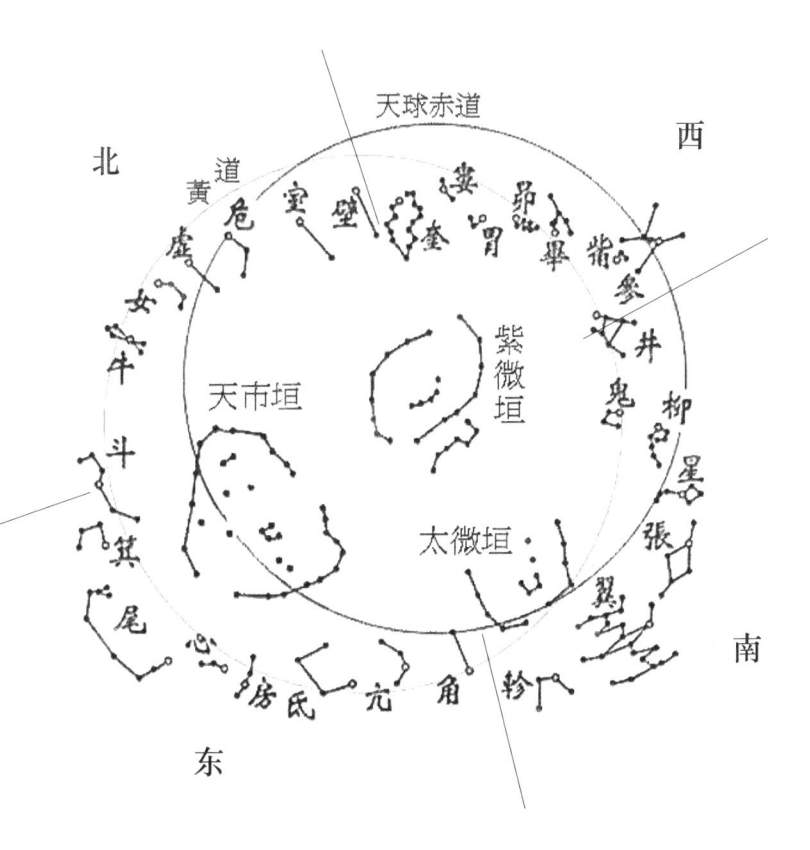

图26 三垣二十八宿图

打开星图，整个北半球的星空就一览无余地展现在我们面前。现在我们看到的星空跟几千年前的古人看到的星空，并没有多大的区别。中国的星图不像西方古代的星图上画着一些稀奇古怪的动物，比如大熊、小熊、天蝎、摩羯、双鱼、人马之类，而是由一些圆点和短线组成。圆点表示星星，圆点越大表示星星越亮，一条条短线将几颗到十几颗星星连接为一组，构成一个图形，古人称为星官或天官，相当于西方的星座。比如，北斗七颗明星，连起来就像一把勺子；织女一明两暗三颗星，连起来是一个等腰三角形，就像织女纺线的纺车；牵牛星，又叫河鼓星，三颗星连成一线，中间一颗亮星，两头两颗暗星，就像牛郎用箩筐挑着俩孩子；织女与河鼓之间的天津，意为银河上的渡口，九颗大大小小的星连起来，就像一只船的样子，是在银河两岸渡来渡去的船。古代的天文学家用这种方式，把全天用肉眼能看见的星星组织为数百个图形，每个图形都起一个名字，这些名字中很多是取自官府的名称，故称为"天官"，这也是为什么司马迁将《史记》中记载天文的那一篇称为《天官书》。

古代的天文学家为什么要用官府的名字为星座命名，而不是像西方那样用各种动物或怪兽为星座命名呢？因为在中国先民的心目中，神都住在天上，星空是上帝的都城，那一颗颗明星，就是上帝都城的一个个官府。

就像地上的都城一样，天上的都城也划分为不同的区域。古代天文学家将我们头顶上的星空按照皇城的格局，分为三个区域，即：紫微垣、太微垣、天市垣，又将环绕在这三个区域之外的靠近日月运行轨道的黄道带分为二十八个部分，称为二十八宿。

环绕北极星的一片，位于星空的中央，叫紫微垣，这是上帝的后宫，相当于天上的紫禁城。《淮南子·天文训》云："太微者，太一之庭也。紫宫者，太一之居也。"北极是天穹的中心，北极固定不动，天上的群星均围绕北极而旋转，上帝既然是至上神，他在天界的居所自应位于天穹的中央，即北极。《史记·天官书》说："中宫天极星，其一明者，太一常居也。"太一，即汉人对上帝的称号，太一住在靠近北极最亮的那颗星上。

紫微垣的东南，在东方七宿和南方七宿之间，是太微垣，这是上帝的朝廷，相当于天上的太极殿。紫微垣的东北，东方七宿和北方七宿之间，是天市垣，这是天上的集市。朝廷在南，集市在北，正符合《考工记》所说"面朝后市"的古代都城格局。紫微垣、太微垣、天市垣都有城垣环绕，故称为"垣"，每一垣

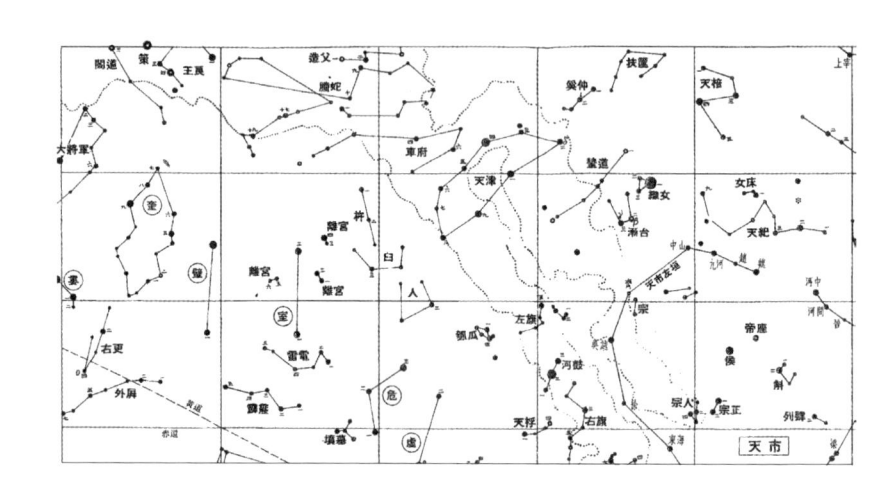

图 27　天上的津渡

之内和周边的星座大都是以官府的名字命名。

银河就像一条波光闪耀的护城河，环绕在三垣构成的上帝都城之外。前面提到过的天津，构图像是一条船，就是在**银河**上靠近紫微垣的渡口，在**天津**边，还有**辇道、阁道、车府、奚仲、造父、王良**等，辇道从紫微垣通向天津渡口，阁道是架在银河上的桥梁，辇道、阁道是上帝从紫微垣出行的御道，造父、王良是给上帝驾车的驭手，车府是天上的停车场，奚仲是马车的发明者，在天上的职责大概是为上帝修理、制造马车。**织女**就住在辇道旁、银河边的高台（**渐台**）上，织女的旁边有**扶筐**，是供她盛布的竹筐，她的旁边还有**女床**，是供她睡觉休憩的地方。跟织女隔着银河相望，就是**牵牛**，牵牛用扁担着他的两个孩子，与织女"盈盈一水间，脉脉不得语"。牵牛后来改名为**河鼓**，河鼓的边上有**天桴**，即鼓槌，鼓声是发兵的号令，古人打仗，击鼓发兵，鸣金收兵，河鼓是把守银河渡口的将军，他的左手有**左旗**，右手有**右旗**，是他号令三军的令旗。河鼓的边上还有一组星叫**瓠瓜**，就是葫芦瓜，因为牵牛织女星升起的时候，正是葫芦和瓜果成熟的季节。仅仅银河河关（天津）周边这几个天官，就有这么多人物和故事，要将整个星空的故事一一道来，不是本书的任务。

第三章 众神的缘起

在银河沿岸两边，与银河交织在一起的，则是由二十八宿组成的黄道带，太阳、月亮和五大行星，就运行在由二十八宿连接而成的星带之上，古人用二十八宿作为观察日月运行的坐标。西方天文学则将这条黄道带分为十二个星座，称为十二宫。划分不同，名称不同，功能则一样，都是作为天文观测的坐标。西方之所以将黄道分为十二宫，因为他们使用阳历，太阳十二个月环绕黄道一周，每一星宫对应于一个月。中国自古就使用阴阳合历，以太阳的运行（实为地球绕日公转）定节气和季节，以月亮的朔望圆缺（实为月亮绕地球旋转）定日期和月份，月亮环绕二十八宿一圈，就是一个月。月亮转一圈大概需要二十八天，故古人将黄道划分为二十八宿，月亮大致每天经过一宿，二十八宿就像月亮旅行宿营的驿站，故得此名。观测天文，有两个目的，一是观象授时，制定历法，因此特别关注日、月的位置和运行；二是占星，根据五大行星的运行和位置判断其所主吉凶，为天子的政治举措做出预警。无论是观测日、月还是五大行星，都离不开黄道带。因此，二十八宿或十二星宫，是古代天文学最为关注的星空区域。

地球环绕太阳公转，同时也环绕星空背景公转，一年转一圈，这在地球上的人直观看来，就像二十八宿环列四方，太阳在二十八宿构成的黄道带上每年运转一圈，而二十八宿也分别在每年的不同时期升起在夜空。上古时期的天文学家，将二十八宿按照四方划分为四组，每一组七宿，并分别将它们想象和命名为四种神兽：把东方七宿想象为一条腾骧夜空的巨龙，即东方苍龙（角亢氐房心尾箕）；把南方七宿想象为一只飞翔夜空的大鸟，即南方朱雀（井鬼柳星张翼轸）；把西方七宿想象为一头盘踞夜空的猛虎，即西方白虎（奎娄胃昴毕觜参），把北方七宿想象为一组高居夜空的龟蛇，即北方玄武（斗牛女虚危室壁）。东苍龙、南朱雀、西白虎、北玄武，合称为四象。四象二十八宿不断旋转，并不固定在某个方位，古人之所以将四象对应于四方，是因为在上古时期，每当苍龙七宿在东方升起时，正是作为一年开端的春天，此时，朱雀七宿在南方，白虎七宿在西方，玄武七宿在北方，古人即按照这一格局安排了四象的方位。后来，虽然由于岁差的缘故，初春之时的四象与四方的搭配已经错位，但这种搭配作为一种传统模式，永远固定了下来。

在二十八宿中，东方苍龙七宿和西方白虎七宿最为引人注目，两者当中都有一些非常明亮的星星，分别构成了北半球可见星空中最为明亮的区域。可以说，北半球夜空中能看到的最明亮的星星都在这两片星空

图 28 西方列宿

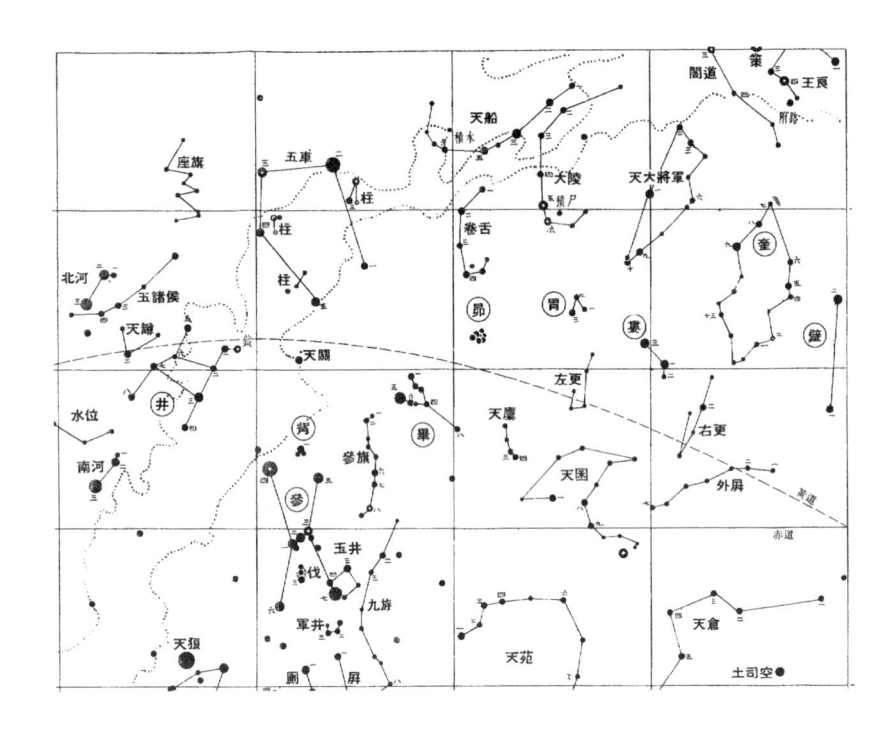

之中。在古代，这两组灿烂的星群先后在春、秋升起于夜空，因此分别成为春、秋两个重要农事季节的标志。苍龙在春天升起，故成为春天的象征，白虎在秋天升起，故成为秋天的象征。古人在苍龙升天的初春举行春耕仪式，祈求一年风调雨顺、农作物丰收，此即后来的春社节的源头，古人崇拜的能够给大地带来雨水的龙，原型就是苍龙七宿。古人在白虎升天的时候举行秋收庆典，庆祝庄稼的丰收，并向天地众神和列祖列宗献上丰收的成果，称为秋尝，这就是后来秋社节源头。

古人之所以将秋天的星宿命名为白虎，是因为秋天不仅是农作物收获的季节，同时也是各种动物膘肥体壮、人类开始捕猎的季节，故他们将秋天的星象想象为一头天上的老虎。《史记·天官书》说："参为白虎。"西方人将同一片星座想象为一位猎人，并命名为猎户座，也是同一个道理。

在大概了解了星空地图的基本格局后，现在，我们可以将目光投向猎户座附近这一片秋天夜空中的群星了。我们上面谈到的《西次三经》群神在天上的居所，就隐藏在这一片星空之中。或者说，《西次三经》所记载的众神居住的群山，就是西方列宿群星在地上的投影。

西方七宿包括奎、娄、胃、昴、毕、觜、参七宿，《史记·天官书》对这七宿的象征意义皆有解释。司马迁所依据的，是战国时期，甚至更为古老的天文学知识。

西方七宿的首宿为奎宿，《天官书》说："奎为封豕，为沟渎。"封豕即大猪，在星图上，奎宿由十六颗大大小小的星组成。这十六颗星连接起来，正像一头猪的形状。猪喜欢拱地掘土，故古人又说它象征沟渎，因为挖沟需要掘土。

第二为娄宿，《天官书》说："娄为聚众。"即象征民众聚会。不过唐代学者张守义《史记正义》解释说娄代表牧场，用来饲养作为献祭之用的牲畜。

第三为胃宿，《天官书》说："胃为天仓。"即天上的粮仓。在胃宿的南面夜空，还有好几组比较暗的星，分别为天廪、天囷、天仓，都是储藏粮食的仓廪。

第四为昴宿，《天官书》说："昴曰髦头，胡星也。为白衣会。"髦头是古代君王车驾出行时，走在最前面的开路先锋，因为披头散发，或者身穿兽皮，故称髦头。披头散发的样子是胡人的装束，故司马迁说昴宿代表胡人。昴宿代表武士、胡人，象征战争，战争则必然导致死人相枕藉，为死人出殡要穿丧服，丧服为白色，故昴宿又象征白衣会，即丧礼。昴宿的右上方，在西方的英仙座里，有一组星叫大陵，陵即坟墓，大陵里面一颗小星叫积尸，即堆积的尸体。这一系列天官都与死亡有关。

第五为毕宿，《天官书》说："毕曰罕车，为边兵，主弋猎。"罕车是打猎时驾乘的车子，故说毕宿代表狩猎。古人借狩猎训练士兵，把狩猎跟战争看成一回事，故毕宿又代表边兵，即边防上的军事活动。毕宿由八颗星星组成的图形，就像古人用来捕捉野兽的长柄小网的形状。

第六为觜宿，《天官书》说："觜觿，为虎首。"觜即嘴巴，觜宿在参宿的上面，古人将参宿想象为白虎，觜宿是白虎的嘴巴，故称为觜宿。

第七为参宿，也是西方七宿中的最后一宿。参宿中有三颗很明亮的星星相距很近，排成一线，即西方猎户座的金腰带，在夜空中非常引人注目、易于辨认。参宿之所以称"参宿"，即得名于这三颗星，现在民间所说的参儿、参门星，就指这三颗星。但二十八宿的参宿，却并非仅指这三星，《天官书》说："参为白虎。三星直者，是为衡石。下有三星，兑，曰罚，为斩艾事。其外四星，左右肩股也。小三星隅置，曰觜觿，为虎首，主葆旅事。"司马迁所说的这几颗星，包括了构成西方猎户座的全部，三星为白虎的腰，猎户的双肩、双足为白虎的左右肩膀和左右大腿，加上觜宿的三颗星为白虎的脑袋，西方人想象为一位猎户的形象，中国的古代天文学家则想象为一只老虎。

在这只雄踞星空的白虎周边，还有好几组星。在觜、参上方的银河边上，有一组星叫天关，在参、毕之间有参旗，即参星的旗帜，在参的下方则有玉井、军井、九斿等几组星。斿指旗帜上飘带，九斿当与参旗有关。在白虎的右下方，还有天苑和天园两个分别由十几颗小星组成的天官，天苑、天园，顾名思义，即是天上的苑囿。

综上所述，我们可以对星空地图西方的"地形"，有一个整体了解了，这里最引人注目的无疑是白虎。白虎的周边有天关、玉井、旗帜、天苑、天园；白虎的右边，依次是毕，毕是捕捉野兽的武器；昴，象征武士和死亡，它靠近天上的坟墓大陵，大陵里面有积尸，即堆积如山的尸体；胃是天上的粮仓，胃的下面还有天廪、天囷、天仓，都跟收获有关；娄象征民众聚会，又象征饲养牺牲的牧场；奎是一头大猪，秋天是狩猎的季节，这头大猪大概就是狩猎的对象。总之，西方七宿星空图景的主题，可以概括为老虎、收获、狩猎、死亡几个主题。这自然是跟西方七宿被古人当作秋天的季节标志有关。

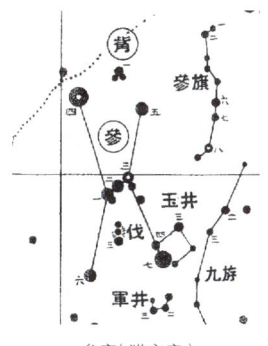

参宿（猎户座）

陆吾神

开明兽

图29　天上的神虎

现在我们可以从天上回到地上、从西方列宿回到《西次三经》的山川和群神了。

比较《西次三经》记载的几位神灵的职司与西方列宿的象征主题，两者之间可谓遥相呼应，正如西方列宿的象征主题包括老虎、收获、狩猎、死亡几个主题，《西次三经》所记诸神的职司也主要包括这几个方面。实际上，西方群山中的诸神就是西方列宿之神在大地上的投影。

《西次三经》群山的核心是昆仑之丘，昆仑是帝之下都，其神为陆吾，陆吾"其神状虎身而九尾，人面而虎爪"，陆吾是一只人面虎身的神虎，有九条尾巴。《海内西经》说昆仑之墟有九门，每座门都有一位开明兽守护，开明兽"身大类虎而九首，皆人面"，开明兽人面虎身，与陆吾不同的是，陆吾有九条尾巴，开明兽则有九个脑袋。开明兽和陆吾都是昆仑的守护者，开明当即陆吾，开明九首，陆吾九尾，则是传说的不同。地上的老虎只有一个脑袋或一条尾巴，昆仑山上的老虎为什么有九个脑袋或九条尾巴呢？因为它不是一般的老虎，而是天上的老虎，即天上的白虎星。参宿周边群星璀璨，参宿本身包含七颗亮星，加上它上面的觜宿和下面的伐星，正好九颗，如果再加上它右下方的玉井，则为十颗。古人根据其对这一组群星的不同观感，将这十颗亮星做不同的排列组合，或者将它想象为一首九尾的老虎，即为陆吾神，或者将它想象为九首一尾的老虎，则为开明兽。陆吾神或开明兽，作为昆仑这座帝之下都的守护者，就是天上的白虎星、西方的猎户座。

开明兽是天门的守护者。《海内西经》说昆仑之墟，"面有九门，门有开明兽守之"，昆仑墟为帝之下都，则昆仑墟的城门也就是天门。实际上，在古人的心目中，昆仑就是天门之所在。《淮南子·原道训》说："昔者冯夷、大丙之御也，乘云车，入云蜺，游微雾，骛恍忽，历远弥高以极往。经霜雪而无迹，照日光而无景。扶摇抮抱羊角而上，经纪山川，蹈腾昆仑，排阊阖，沦天门。"冯夷、大丙两位驭手，驾着云车，遨游云天，跨越千山万水，登上昆仑，自昆仑山上的天门阊阖登上天界。冯夷和大丙是两位传说中的驭手，大丙不知道是什么身份，冯夷则是河神的名字。《汉书·礼乐志》收录汉代祭祀乐歌十九首，其中之一为《华烨烨》，其辞云："华烨烨，固灵根。神之斿，过天门，车千乘，敦昆仑。"说的就是天神乘着马车经天门降临昆仑山。《淮南子》说的是凡人经昆仑天门进入天界，汉代祭神歌说的是天神经昆仑天门降临下界。《易林》再三说到"登昆仑，入天门"，可见，在古人心目中，昆仑确实是天门所在。天门是凡界和天界之间的门户，自然需要严加守护，昆仑山上人面虎身九首（或九尾）的开明兽或陆吾神，就是守护天门的神兽。

实际上，在西方列宿中，正有一座天门。白虎星（参宿）的正上方，靠近银河，有一颗星叫天关，天关就是天门。白虎星在天关以南，就是天关的守护者。由此可见，开明兽和陆吾神作为白虎星象的化身，天上的白虎星守护天关，昆仑之上的神虎守护天门。那时候的中国人还不知道狮子，狮子在汉代以后才为中国人熟知，所以后来的守门神兽都是石狮子。如果上古时期的中国人知道狮子，说不定会把天上的白虎星和天门的守护神，都换成一头更加威猛的雄狮。

昆仑墟的天门边都有一口玉井。《海内西经》说昆仑之墟，"面有九井，以玉为槛"，昆仑墟的每座城门边都有一口井，以玉石为井栏。天上的白虎星边正有四颗星叫玉井，玉井的边上还有四颗星叫军井，当是指军队野营时所凿的井。在白虎星左上方的银河里，紧邻天关星，还有一口更加为人所熟知的井——南方七宿最西面的井宿，由八颗星构成井栏的形状。白虎星周边有三口井，而在整个星空的其他地方，则不见其他被称为井的天官。可见，在古人心目中，白虎星这片夜空中，是天上的水井集中所在，这些井当是天上的众神取水的地方。昆仑之墟作为帝之下都，其上的数处玉井，当即天上的井宿、玉井、军井在下界的投影。天上的白虎守护天井，昆仑之上的神虎守护玉井。

昆仑墟上有一杆迎风招展的大旗。《海内西经》说，昆仑之墟上有"服常树，其上有三头人，伺琅玕树"。"常"为天子的旗帜之名。《周礼·春官》说，"司常掌九旗之物名，各有属，以待国事。日月为常，交龙为旂，通帛为旃，杂帛为物，熊虎为旗，鸟隼为旟，龟蛇为旐，全羽为旞，析羽为旌"，又说，"王建大常，诸侯建旗……"司常，即朝廷中专门掌管各种旗帜的官府，根据旗帜上绣的图案和旗帜的装饰，分为九种。"日月为常"，这是指绣着日月图案的旗帜。"王建大常"，指的是天子的旗帜。"服"有佩服、穿戴之义，昆仑山上的"服常树"，当是一棵悬挂着旗帜的高大树木。地下的大常为天子的象征，昆仑之上的这杆大旗，则是上帝的象征。无独有偶，在西方列宿参宿的右上方，有九颗星连成一杆旗的造型，称为参旗，即参星的旗帜；参旗下面，又有九颗星连成一线，称为九斿，九斿也是旗帜的名称。"斿"指旗帜的飘带，九斿即旗帜上有九条飘带，飘带越多，地位越高，只有天子的旗帜才能有九根飘带，所以，参旗和九斿都包括九颗星。天上的参旗与昆仑之上的大常，上下交相辉映，象征的都是上帝的旗帜。

昆仑之上的神虎陆吾除了守护天门，还要守护上帝的苑囿。《西山经》说陆吾"司天之九部及帝之囿時"，帝之囿時即上帝的苑囿，毗邻昆仑之山的槐江之山，"实唯帝之平圃"，帝之平圃即上帝的蔬圃。这告诉我们，在昆仑山周边有上帝的花园和菜园子。在其他古书中，昆仑山上的上帝花园被称为悬圃。《淮南子·地形训》说，昆仑之丘分为三层：第一层为凉风之山，登之而不死；第二层是悬圃，登之就能呼风唤雨；第三层为太帝之居，就是上天，登之就成了神。太帝之居即帝之下都，悬圃即帝之平圃、帝之囿時，因为这座花园是在山上，犹如悬在半空，故谓之悬圃。在天上的西方群星中，也有上帝的花园。白虎星的右下方，有两组分别有十数颗星组成的天官，名为天苑、天园。天苑和天园分置两处，《说文》说"苑，所以养禽兽也"，所以天苑为动物园。天园则是植物园，即天上的花园，也就是帝之平圃。

前面我们讲过，在《西次三经》记述的西方群山中，另一位引人注目的神为西王母。西王母司天之厉与五残，五残星是出没无常的妖星，当是彗星、流星之类，星图中无标注。厉指厉鬼，人死后，若暴尸于野，没有坟墓，无人祭祀，鬼魂缺少吃喝，就会化为厉鬼。厉鬼出没无常，危害人间，在恐怖电影中常被表现为蓬头乱发、青面獠牙、十指尖利如同兽爪的可怕形象。《左传·昭公七年》载子产之语说："鬼有所归，乃不为厉。"人死之后，如果尸体得到适当掩埋，鬼魂定期得到祭祀，就不会化为厉鬼。所以，在古代，各地都建有专门收集、掩埋无主尸体的公墓，设有厉坛，县官每年定时对其进行祭祀。西王母所司的天之厉，指天上的厉鬼，西王母是死神，故负责管理天上的厉鬼。天之厉亦当有特定的星星与之对应，可能即指著名的昴星团。西方列宿之中的昴宿，是由数颗紧凑在一起的星星组成，故天文学上称之为昴星团。

昴星团包含好几颗远近明暗不同的恒星，一般人能看见六颗星，视力好的人能看见七颗星，故西方又称之为七兄弟星，中国民间则称之为七姊妹星，七仙女下凡的故事就与之有关。世界各地流传着很多与七仙女下凡类似的故事，不过这与此处讨论的主题无关，故按下不表。昴星团在古人心目中正象征战争和死亡，昴星团因为是数颗亮星紧挨在一起，看起来星光辉映，如同蔼蔼白气，故古人又说它是白衣会的象征，白衣会即丧礼。古人在每年的三月暮春，都要在城门举行驱鬼除秽仪式，称为驱傩，即《礼记·月令》所谓季春之月"命国难，九门磔攘，以毕春气"。为什么要在三月举行驱邪除秽仪式？东汉学者郑玄解释说："此月之中，日行历昴，昴有大陵积尸之气，气佚则厉鬼随而出行。"意为太阳在该月运行到昴宿，昴星中有大陵积尸之气，太阳运行至此，可能导致其中的邪气四溢，引发瘟疫，故需要在此月举行除秽仪式。大陵即大坟墓，就是掩埋无主尸体的公墓，积尸之气即堆积的尸体，称之为"气"，则是因为昴星团星光氤氲如同一团白气，古人将之想象为尸体之气。在通行的星图中，则将昴星团上方英仙座里的一组星命名为大陵积尸，大概是后来的天文学家为了给昴星团洗刷不祥之名，在昴星团附近又专门给大陵积尸安排了一个位置。可见，在古人心目中，昴星团就是天上的坟墓，为厉鬼所居，西王母所司的"天之厉"，当即指昴星团。明白了这一点，则知西王母当为昴星之神，而西王母所居的玉山则为昴星在地上的投影。

西王母崇拜在汉代盛行一时。东汉时期流行画像石墓，几乎在所有画像石墓中，都出现西王母的图像，并且西王母和东王公相对的图像往往位于画像的核心位置。汉人墓葬艺术对于西王母如此热衷，显然是将西王母视为死后世界或坟墓的守护者，亦即亡灵的守护者，这一信仰与西王母主司天之大陵积尸之气的古老观念一脉相承。天上的昴星象征白衣会（葬礼），又被视为大陵积尸，就是人间的坟墓在天上的投影。

西王母不仅是收割生命的死神，还是收获五谷的丰收之神，而西方群星则是秋天的标志，故在昴星团附近，有象征天上粮仓的胃宿，在胃宿的下面，还有分别被命名为天廪、天囷、天仓的几个天官，都是上帝的粮仓，象征农作物的丰收。其实，胃宿旁边的娄、毕二宿，本来就与秋天的收获季节有关。娄是天上的牧场，用于饲养祭祀上帝的牛羊，奎宿是一头大猪，牛、羊、猪都在秋天才膘肥体壮，可以宰杀享用。《海内西经》说西王母所在的国度为沃之国，又称沃之野，前面我们讲过。那里各种美味应有尽有，凤凰鸾鸟载歌载舞，野兽济济跄跄，和睦共处，就是写照的秋收之时丰衣足食的美好景象，天上的仓廪、牧场，不过是这幅人间丰收景象在天上的反映。

我们在《西次三经》中没有发现与奎宿对应的神，但《大荒西经》和《海外西经》都记载了一头猪形的双头怪兽。《大荒西经》说："有兽，左右有兽，名曰屏蓬。"《海外西经》说："并封，其状如彘，前后皆有首，黑。"屏蓬亦即并封，并封状如猪，前后皆有首，是一头双头猪，这个怪兽很容易让我们联想到奎宿。

《天官书》说奎宿是封豕，而天上的奎星由十六颗星组成的图形，两头尖中间粗，确实很像一头双头猪。可见，并封、屏蓬当即象征奎宿。据《大荒西经》记载，屏蓬所在与昆仑之丘相毗邻，可见，西方群山亦当有与奎宿相关的山，只是《西次三经》失记而已。

把奎宿想象为一头天上的猪，这一观念当有着相当久远的历史，《诗经》可以为证。《诗·小雅·渐渐之石》云："有豕白蹢，烝涉波矣。月离于毕，俾滂沱矣。""月离于毕"的"毕"指毕宿，这一点前人早已指出。"月离于毕"，谓月望之日的满月正在毕宿。月望之日，日月相对，月离于毕，则太阳当在毕宿对面的房、心二宿之间。西周时期，此时正当秋雨连绵的初秋时节，故诗云"月离于毕，俾滂沱矣"。此诗将"有豕白蹢"与"月离于毕"并称，"月离于毕"为星象，则"有豕白蹢"亦当为星象，奎宿与毕宿相近，奎为封豕，诗中的"豕"当指奎宿。奎宿在毕宿之前升起，当毕宿伴着满月于黄昏之际升起于东方地平线上，奎宿已然高高挂在东方夜空，其上方相去不远，则为水波浩渺的银河，"有豕白蹢，烝涉波矣"，当即指奎宿如一头正在向白波闪耀的银河走去的大猪。前人不了解这一天象，望文生义，将诗中之豕解释为地上之豕，而《小雅》中所述实为星夜行役的军士所见，夜幕之下，安能看见远处涉水过河的猪？且古代猪皆黑，不仅夜幕下不可见，更不可能长着洁白的四蹄，所以诗中之"豕"非天豕或奎宿莫属。由此可见，"星光灿烂猪八戒"，将奎宿想象为天上之猪的传统可谓源远流长。

秋天是农作物收获的季节，是宰羊杀猪祭祀众神的季节，也是狩猎野兽的季节，西方七宿中的毕宿，星象构图即为打猎用的工具。《说文》说："毕，田罔也。"田谓田猎，罔即网，毕的构造是在一根长柄的前端有分叉，分叉上系着捕兽的网，毕的繁体字"畢"就象征这件工具的构造，所以说毕宿即为秋猎的象征。星图中，毕宿下面，有十几颗星星组成的天苑，当即天上的兽苑。《说文》云："苑，所以养禽兽也。"可见，苑是专指豢养野兽的苑囿，亦即后来的上林苑，今天的动物园。《西次三经》的第一座山为崇吾之山，崇吾之山西望可见"帝之搏兽之丘"，即上帝捕猎野兽的山丘，这座帝之搏兽之丘，当即天上的上林苑在大地上的投影。

西方七宿明星汇聚、光华璀璨，在其附近又有南河、天狼、弧矢、老人星等众多的亮星，构成了北方星空中最为灿烂壮观的一片星区。白虎群星年复一年地在秋天升起，从秋至冬，一直高悬于北方秋冬的夜空。这片璀璨的星空一定会给古代先民留下深刻的印象，故古人将之视为秋天的象征，并将它们作为秋天的神灵进行祭祀，将与秋天相关的事项，诸如老虎、野猪、丰收、粮仓、牧场、猎苑、田园、坟墓等安置于这西方群星之中。西方列宿群星高悬，映照出人间的秋天风俗画卷，让这一片灿烂的西方星空，成为夜空中最具神话色彩和宗教意味的领域之一。

古人仰以观天文，俯以察地理，仰观与俯察，天文与地理，密不可分。仰观天文需要以大地上的山川为坐标参照，俯察地理需要借天文以辨方正位，故天文与地理被密不可分地联系起来。山峦起伏，标志出大地的坐标；星斗灿烂，标志了星空的坐标。山峦对于大地的意义，就像星座对于星空的意义。因此，在古人的观念中，天上的星星与地上的山峦被对应起来，"在天成象，在地成形"（《周易·系辞传》），"山岳则配天"（《左传·庄公二十二年》），可见，在古人的眼里，大地和星空、山峦与群星、人间与神界，原是交相辉映、互为镜像的。借助一个个天官及其命名，人间的事务被一一安置于星空之中，成为星空中的神明；借助于地上的群山与神殿，天上的众神又被一一投影到大地人间。《西次三经》记述的西方群山中神殿，就是天上的西方群星及其神灵在人间的投影，地上的神山与天上的星宿，共同构成一个天地相应、人神同在的宇宙圣殿。

因此，我们看到，《西次三经》记载的以昆仑为中心的这一带群山，处处都有天上众神在人间的离宫别馆。围绕着天上的白虎和地上的昆仑建立起来的这一规模宏伟的神殿，肯定不是一天建成的，它不会是仅仅出自巫师之流的隐秘经营，更不会是《山海经》作者的凭空杜撰，其背后肯定蕴含着一段久远而厚重的、却已经被时间狂飙吹散的历史。不过，曾经在时间长河中发生过的事情从来不会消失得无影无踪，纵使沧海桑田，岁月如沙，印在时光之上的足迹遭到了遗忘，但《山海经》其书所记录的这些天上的群星、地上的山川，却千古犹存，尤为后人昭示着久远历史记忆。

> 昆仑之丘，或上倍之，是谓凉风之山，登之而不死。或上倍之，是谓悬圃，登之乃灵，能使风雨。或上倍之，乃维上天，登之乃神，是谓太帝之居。(《淮南子·地形训》)

穿过昆仑之上白虎之神守护的星空之门，我们或许仍有机会重睹远古的神殿，回溯早已消失的久远星光，与创造了这座宏伟神殿的祖先们对话。

# 圣地、传说与神话

《山经》详细记述了数百座山及其所出河流的名称、方位以及山川所产的草木、鸟兽、蛇鱼、金石矿物等自然物产,并详述各种物产的形态、功用(尤其是医药功用),无论从内容到形式都是一部典型的地理博物志。在古人的观念中,山川大地,不仅是草木鸟兽栖息的家园、金石宝藏的府库,同时也是神灵的居所。《礼记·祭法》云:"山林、川谷、丘陵,能出云为风雨,见怪物,皆曰神。"大自然气象万千,变幻莫测,既能造福于人类,也能给人类带来灾难,故古人对高山大川、大泽广薮、密林深谷有着发自本能的敬畏感。这种敬畏感投射到这些对象之上,即将之赋予神性,成为神灵现身之所,于是就有了对于山林、川谷、丘陵的崇拜,而这些自然景观则因此成为神灵栖息的圣地。既然在古人的心目中,山林、川谷为神灵的家园,则《山经》在博载山川物产宝藏之同时,兼载山中圣地以及栖居于这些圣地的神灵，实为题内固有之义。

《山经》中记载了众多"帝迹"，有帝之下都、帝之平圃、帝之囷时、帝之搏兽之丘、帝之密都、帝台、帝苑，这些都是上帝在下界的朝廷、宫殿和苑囿。众神散居于群山之中，有为上帝司掌宫殿苑囿的天神，如英招、陆吾、长乘诸辈；有日月、风雨、歌舞之神，如江疑、耆童、蓐收、红光、魄氏诸辈。上帝、众神的宫殿苑囿，错峙列布于群山之间，构成了一个规模宏大、功能齐备的万神殿。

昆仑之丘作为万神殿的中心，位居众山之巅，环绕于昆仑周围的群山之中，有多处上帝的离宫别馆和群神栖居的山丘渊泽，居于昆仑的上帝统领群神，个性分明、形象各异的众神各司其职，各居一山，呈现出一幅波谲云诡的神国景象。这一景象比起希腊的奥林匹斯神殿毫不逊色，其规模之恢宏壮阔则有过之而无不及——希腊诸神只局促于一座奥林匹斯山，而《山海经》的众神则分别居住在位于十数座山的离宫别馆之中。群山之中除了上帝的都城，还有上帝的兽苑、菜圃、花园和秘宫，群山中蕴藏着金、玉、丹粟、雄黄等各种宝藏和灵药，栖息着形形色色、面目诡谲的神兽怪鸟，大大小小的河流从这些山间发源，流向四方。可以说，《山经》的山川大地，就是众神的宫殿，《山经》所呈现出来的是一个山川交织、众神列布的宗教地理学版图。

中国学界长期以来流传着一个人云亦云的成见，即华夏民族自古就是一个务实的民族，重伦理而轻宗教，重历史而轻神话，重理性而乏想象，因而得出一个草率的结论——中国缺乏一个像希腊神话、印度神话、北欧神话等那样完整的神话体系；或者认为华夏先民并不乏想象力和宗教性，上古时期中国肯定也曾有过足以与希腊、印度、北欧相媲美的神话体系，只是沧海桑田的历史变迁，导致中国的神话体系已经失落于漫长的时间洪流之中了。其实，没有哪个民族，在其文化发轫时期，能够离开宗教，中国先民并不缺乏宗教创造力，中国的原始宗教体系也没有失落，它就原原本本地记录在《山海经》中。只是后人眼界狭窄，古书旧志尽管历历在目却一直熟视无睹。

至于神话，则只是附丽于宗教体系之上的叙事和话语而已。神话原本只是一些用以解释宗教制度、仪式、圣迹、圣地景观等的传说故事，这些传说故事各各依附于其赖以生发的对象而存在和流传，经历岁月消磨之后，大部分消失了，小部分借最早的文献记录而流传了下来。这些故事原本就是一些短小的故事和话语碎片，诸如《山经》中的黄帝采玉于峚山的传说、炎帝之女溺亡后变为精卫鸟的传说、帝女死后变为䔄草的传说、钟山之神的儿子被上帝处死后变为鵕鸟的传说等，即属此类。这些传说散漫而不成体系，并不足以构成一个独立存在、自成一体的神话体系，就像现在流传在各个地方的民间传说构不成一个完满自足的体系一样。希腊神话、印度神话、北欧神话等看似体系完备的神话，其实并非自古即然，它们并非原始宗教的产物，而是在漫长的历史进程中，由历代诗人、文人、文献家摭拾、汇辑古代传说故事片段，运用文学想象力和历史编纂学技巧熔炼和再创造的产物。在《荷马史诗》《摩诃婆罗多》《罗摩衍那》《被焚者尼亚尔萨迦》等成书以前，并不存在一个本身叫作希腊神话、印度神话、北欧神话的神话体系。中国之所以没有形成那样的体系完备的神话，正是因为中国没有像荷马史诗、印度史诗、北欧埃达那样的神话编纂活动；而中国之所以没有神话编纂活动，则是因为中国自古就有发达的历史编纂学传统。从《尚书》《竹书纪年》《逸周书》《春秋》《左传》《国语》《世本》以至于《史记》《汉书》以降的浩如烟海的史书，较之那些主要依据口传史料编纂而成的史诗，更真实地保存了华夏民族的历史记忆，因此华夏民族根本不需要神话史诗，也根本没必要为缺少像希腊、印度、北欧那样的神话史诗而感到缺憾甚至自卑。

其实,通常所谓"神话",不过是指一些关乎创世、人类起源、国家起源之类的宏大话题的古老传说、故事和观念而已,并不存在一个能够与传说、故事、歌谣等传统文体相并列的、自成一体的"神话"文体。神话能以各种文体形式而存在,甚至能以图画、符号、建筑、地理景观的形式而体现。神话从来就是各种各样的观念和话语"碎片",所以说,碎片化才是神话的本真状态。作为体系的神话概念(mythology),只不过是一个现代的理论发明,对于这一理论发明,现代神话学尤其"功不可没"。

《山经》呈现出一个以上帝为中心、以天地山川群神为主体、以祭祀为表达形式、以地理景观为依托的原始宗教地理学体系。根据《山经》的记述,即不难窥见与这一宗教地理学体系相伴生的原始神话的存在样态。

《山经》记载的众多的上帝栖居之地和众神司掌之山,都是上古宗教祭祀的圣地,是古人祀神祭天的地方。这些场所被古人选作圣地,自然源于其优越的地理环境和独特景观。圣地一旦被选定,就被赋予了神圣性,这种神圣性需要被标识,以与周围广袤的山川大地区别开来，作为世世代代朝圣、拜祭的场所。对于圣地，可以借由祭坛、神庙、碑碣等人工建造的方式，使之永久性地在空间中被标识出来。但是，圣地的具体意义，却离不开语言和叙事。语言是存在的家园，语言错综复杂的根系，联系着一个民族的世界和历史，唯有语言，才能将独标孤立的圣地和神迹与更广大的世界、更久远的历史文化联系起来，并将之融汇于族群的共同记忆之中。圣地的意义诉诸语言，以叙事和话语的形式而流传，就是所谓命名和传说。命名，追本溯源，就是对神圣之物意义的保存，而传说则是对神圣之物意义的解说。尽管凡俗之物也需要命名和解说，但是，任谁也不得不承认，能够历经沧海桑田而依然留在大地上的地点和地名，大都是有特殊意义之遗迹，而流传于世的传说也更多是从圣地、神庙、遗墟等神圣景观生发出来的。唯有神圣之物才最为人珍视，最值得命名和言说，唯有神圣的意义最值得保存和流传。命名与传说皆为意义的自然表露，因此，二者往往密不可分，有命名，必有解说与之相伴，而解说流传既久，即为传说。可以说，命名只是凝练的传说，而传说则是展开的命名，两者都植根于被命名和传说之物的意义。

　　传说大多只能以口头的形式在当地土著、宗教团体中世代流传。随着时过境迁、族群瓦解，这些传说大都烟消云散，但只要那些地点还在，这些地点的地名还在，其意义就会被铭记其中，与之相关的传说就不难被后人重新"回忆"起来。正是在此意义上，可以说，大地、山川的记忆，较之人类的记忆更为坚固和恒久。

宗教地理景观（圣地）以及散落于这些景观中的地名和传说，而不是从开天辟地开始说起、按部就班展开的创世叙事，才是"神话"的原始形态。狭义地讲，最初的神话形态，就是传说。《山经》记载的一系列上帝之迹（帝之下都、帝之密都、帝之搏兽之丘、帝之平圃、帝之囷時……）、群神之名（英招、陆吾、长乘、江疑、耆童、蓐收、红光……），以及黄帝采玉于峚山、炎帝之女死后化为精卫、钟山之子化为鵕鸟、帝女死后化为䔄草、鲧窃帝之息壤死后化生等传说，所呈现的就是这样一些以圣地、地名和传说形式存在的神话。这些以圣地、地名和传说形态而存在的神话，依托于特定的自然环境和地理景观而生发和流传，像草木一样植根于大地，土生土长，它们才是神话的原始形态。

宗教赋予宇宙、大地、山川以意义，这些意义蕴含于传说和神话中，成为人类最早的文化记忆。《周易·系辞传》云:"天生神物,圣人则之。"归根到底,传说和神话都植根于天地自然、孕育于宗教,经由"圣人"命名而流传于语言。离开日月星辰的指引,没有苍天大地的恩惠,脱离宗教祭祀的滋养,没有命名和语言的意义加持,人间就不会有传说流传,也不会有神话著于简帛。这个世界也不会成为一个有神灵守护的人类家园。

# 出版说明

历经数千年风雨沧桑的中华文化,绵延至今,生生不息,滋养着中华文明的持续发展,也成为当今世界重要的精神资源。

中国国家主席习近平在纪念孔子诞辰2565周年国际学术研讨会暨国际儒学联合会第五届会员大会开幕会上的重要讲话中鲜明指出,中华文明不仅对中国发展产生了深刻影响,而且对人类文明进步做出了重大贡献;强调要认识今天的中国、今天的中国人,就要深入了解中国的文化血脉,准确把握滋养中国人的文化土壤。

当前,我们正逢急剧变化的时代和文明格局,更为迫切需要读懂中华文化的博大精深,建立全面认知自身历史的版图;我们也需要对传统文化进行创造性转化、创新性发展,重新挖掘其被遮蔽和误读的内在价值;我们还需要在不同文化交流和多样文明对话的场域中,有能力充分展现中华文化的精髓和智慧。

由国际儒学联合会发起和支持、活字文化策划组织的这套"中华文化新读"丛书,因此应运而生。

丛书以对中华文化的前沿研究为立足点,汇集各领域当代重要学者的原创成果,以新视野、新维度、新方法阐释传统文化,以鲜活的语言深入浅出地解读我们的历史和思想,大家写小书,国故出新知。是为宗旨。

二〇二一年九月